이런 결혼, 어때?

(주)죠이북스는 그리스도를 대신한 사신으로
문서를 통한 지상 명령 성취와 하나님 나라 확장을 위해 노력합니다.

이런 결혼, 어때?
© 2025 전신근, 제행신

이 책의 저작권은 저자와 (주)죠이북스에 있습니다. 신 저작권법에 의하여 한국 내에서 보호받는 저작물이므로 무단 전재와 무단 복제를 금합니다.

이런 결혼, 어때?

두 사람이 만들어 가는 사랑과 연합의 여정

전신근 · 제행신 지음

죠이북스

추천사

참 신기한 책을 읽게 되었다. 분명 부부에 관한 이야기인데 한 폭의 그림을 보는 것 같고 아름다운 노래를 듣는 것 같다. 책을 다 읽고 나니, 기억 속에 흐릿하게 남아 있던 오래된 대중가요가 소환되었다. 1980년대 후반에 나온 "비 오는 날의 수채화"가 귓가에 맴돌았다. 이 대중가요의 가사처럼 「이런 결혼, 어때?」는 욕심 많고 얼굴을 찌푸린 사람들에게도, 마치 그림처럼 행복한 사랑을 하라고 속삭이는 듯하다. 그 그림은 그리스도 안에서 저자 부부가 그려 낸 현실판 결혼 이야기다. 결혼을 현실 그대로 알고 싶은 독자들, 서로 다른 사람이 부부가 되어 어떻게 아름답게 성화되어 가는지 알고 싶은 독자들이라면, 지금 당장 이 책을 펼쳐야 한다.

· **권율 목사** 부산 세계로병원 원목, 「부부 신학」 저자

심리학자 칼 융은 이렇게 말했다. "두 개성의 만남은 두 화학 물질의 결합과 같다. 반응이 이루어지면, 둘은 변화한다." 이들 부부도 그랬다. 남도의 한 소도시에서 서울로 유학 온 다소 투박하면서도 쾌활한 한 남자와, 가슴에 밝은 빛을 품고 살아온 섬세한 한 서울 여자가 뜨거운 반응을 일으켜 결혼을 했다. 그들은 겉모습이나 외적인 조건이 아닌, 서로가 지닌 본래의 아름다움에 끌렸다. 인생의 본질을 이루는 요소는 한 개인이 가지고 있는 소유가 아니라 '그 자신이 누구인가' 하는 것일 테다.

부부는 무너질 듯한 담벼락 아래에서도, 흔들리는 울타리 안에서도 당당하

고 거뜬했다. 그들 본래의 아름다움, 즉 남자의 다정함과 여자의 지혜로움이 가난 속에서는 서로에게 양식이 되었고, 모험 속에서는 땔감이 되어 주었기 때문이다. 진실보다 고귀한 신앙이 어디에 있겠는가? 이 부부의 꾸밈없고 진솔한 삶의 이야기는 한 편의 아가서처럼 고귀하고 아름답다.

· **김마리아 선교사** 「너의 심장 소리」, 「엄마가 엄마 찾아 줄게」 저자

청춘 영화에 나오는 주인공 남녀가 나이 들면 이런 모습일까? 두 사람의 삶을 보면 "이후로도 두 사람은 오래오래 행복하게 살았답니다"로 끝나는 동화의 결말 이후에 이어지는 현실판 이야기 같다. 마치 청춘 영화의 주인공 같은 두 사람이 함께 걸어 온 인생 이야기는 때로는 가슴이 조마조마해지는 긴장과 떨림을 주지만, 그 이야기를 써 내려가시는 분은 하나님이시기에 앞으로에 대한 기대와 설렘이 있다.

사람들은 육체가 거주할 물리적 공간으로서의 집을 마련하는 데 많은 힘을 쏟는다. 하지만 하나님은 영혼이 쉼을 얻는 심리적 공간으로서의 '가정'을 세우는 데 더 관심이 많으시다. 아무리 좋은 집이라도 풍파에 무너질 수 있지만, 건강한 가정은 풍파를 견디는 방파제 역할을 한다. 이 부부의 삶을 통해 하나님이 한 가정을 기쁘고 건강하게 세워 가시는 놀랍고도 아름다운 여정을 보게 된다.

· **박준혁 목사** 전주대학교 대학교회

전신근, 제행신 부부와 네 자녀들을 처음 만난 것은 부산 송정의 바닷가에서였다. 자연과 닮고자 애쓰는 분들이라는 느낌을 받았다. 이 가족에게서 또 하나의 멋진 바다를 누렸다. 이 부부에게는 자갈조차 바위로 보게 만드는 힘이 있다. 언덕도 큰 산으로 느껴지게 하는 넉넉한 품이 있다. 그 품에서 네 자녀가 멋지게 자랐다. 지금은 나그네들이 그 품에 기꺼이 안길 수 있도록 두 팔을 벌리고 있다. 이 부부가 쓴 책은 더욱 그렇다. 부부가 살아온 평범한 삶을 거대한 특별함으로 보게 해 주는 즐거움이 있다. 더불어 우리 독자의 일상도 특별한 감동으로 새롭게 빚어지도록 하는 힘이 있어 좋다.

「이런 결혼, 어때?」에서 표현한 것처럼 부부의 여정은 우산이 없어도, 옷이 젖어도 함께 걷는 길이다. 배우자가 없이는 설명할 수 없는 더 풍성한 나 자신이 되어 가는 길이다. 부부가 함께 가는 길은 영과 육의 하나 됨을 경험할 수 있는 유일한 길이며, 또한 자기 안에 감추어진 아름다움을 활짝 꽃피우게 하는 길이다. 서로의 육체와 영혼을 평생 사랑하는 길, 하나님의 시선으로 서로의 영혼까지 바라보고 사랑하며 하나 되는 신비로운 길이다. 부부는 참으로 놀라운 관계다. 「이런 결혼, 어때?」는 이 여정을 걷는 모든 독자를 초대하며 그들을 따스하게 품는 책이다. 진정 이 책이 귀한 것은 우리가 가야 할 사랑의 오솔길을 동행해 주기 때문이다.

각 부 끝에 나오는 '보너스 챕터'는 부부가 사랑으로 걸어가는 자연 같은 지혜를 담은 메아리다. 현재 이 부부가 머물고 있는 모험의 장소는 '청파동네교회'이다. 이후 분명 더 맑은 자연으로 하나 된 부부가 하나님 나라를 품고 가는 열한 번째 모험이 이어질 것을 기대한다.

· **서상복 목사** 해피가정사역연구소 소장, 「결혼 플랫폼」, 「부부 플랫폼」 저자

이 책에는 삶으로 써 내려간 진심 어린 문장이 담겨 있다. 읽다 보면 자신들의 부부 이야기를 닮은 장면들과 마주하게 될지도 모른다.

부부의 삶을 다룬 책은 많지만, 이렇게 솔직하고 따뜻하게 다가오는 글은 드물다. 전신근 목사님과 제행신 작가님의 글에는, 익숙한 일상을 새롭게 바라보게 하는 시선과 마음을 다정하게 어루만지는 위로가 담겨 있다.

부부가 함께 읽으면 더욱 좋은 책이다. 서로를 새롭게 바라보게 하고, 더 깊이 사랑할 수 있도록 도와주는 책이기에 기꺼이 이 책을 추천한다.

- 장정열♡조혜경 결혼 15년 차 부부

차 례

프롤로그_부부는 길을 같이 걷는 사람 /12

1부. 두 사람, 출발선에서 손을 잡다 /16

- 개구쟁이 소년을 만난 여인
- "행신아, 결혼하는 게 그렇게 좋니?"
- 남도 남자, 서울 여인을 만나다

Bonus Chapter 1. 결혼하기 전에 상대방에 관해 알아야 할 것 /29

2부. 우린 왜 결혼했을까? /38

- 계속 사랑할 존재가 필요해
- 하나 됨의 DNA
- 사랑하는 두 사람이 향하는 곳
- 사랑한다고 꼭 결혼해야 할까?
- 난 이 사람과 결혼하기로 했다
- 드디어 한 배를 타다

Bonus Chapter 2. 그리스도인의 섹스에 대한 이해 /67

3부. 부부가 겪는 감정의 파노라마 /72

- 사랑이 자라면서 다양한 감정을 낳는다
- 에이, 짜증난다고!
- 호감에서 비호감으로
- 미움과 원망과 분노가!
- 당신 정말 실망이야!
- 플라토닉? 에로스?
- 나에게 관심 없는 당신
- 밥 먹는 모습도 보기 싫어!
- 내가 아까워도 한참 아깝지!
- 사랑의 몫은 서로 챙기자
- 이건 당신 잘못이야!
- 긴 상을 같이 드는 사이
- 웃음이 주는 여유
- 싸우지 않는 부부는 없다

Bonus Chapter 3. 부부가 알아야 할 마법의 언어 /138

4부. 지금도 사랑하며 배우는 중입니다 /144

- 그는 나의 조력자인가, 방해자인가?
- 관계는 생명이다
- 나와 너의 퍼즐을 맞추다
- 각각의 삶, 우린 성장하는가?
- 우리의 사랑은 어디쯤일까?
- 부부가 가야 할 이상적인 방향

Bonus Chapter 4. 불행한 결혼 생활, 실패일까? /171

에필로그_당신에게 쓰는 편지 /180

◆책 속의 책◆ 우리는 여전히 모험 중입니다 /182

첫 번째 모험 _ 결혼하다

두 번째 모험 _ 뉴질랜드에 가다

세 번째 모험 _ 미국 유학을 가다

네 번째 모험 _ 그냥 떠나자고? 어디로?

다섯 번째 모험 _ J교회에서 일어난 일

여섯 번째 모험 _ 시골 교회에서 일어난 일

일곱 번째 모험 _ 목포에서의 8년

여덟 번째 모험 _ 주말부부 4년

아홉 번째 모험 _ 다시 서울로

열 번째 모험 _ 청파동네교회

책 속의 책 활용법

1-4부(본편)에 나오는 정리된 이론들이 나오기까지, 두 사람의 결혼 생활에는 참으로 많은 일이 있었습니다. 어마어마한 모험을 겪었지요. 〈책 속의 책〉에 담긴 이야기들은, 마치 영화가 끝난 후 등장하는 쿠키 영상처럼 본편에서는 드러나지 않았던 비하인드 스토리를 보여 줍니다. 이 모험이 없었다면, 본편은 존재하지 못했을 것입니다.

본편을 먼저 읽으신다면, 부부가 어떻게 하면 하나 되고, 연합될 수 있는지를 이론과 함께 정리하며, 각자 자신의 삶에 적용해 보는 시간이 될 것입니다.

〈책 속의 책〉을 먼저 읽으신다면, 부부의 모험 이야기에 때로는 공감하고, 때로는 웃고, 때로는 아슬아슬한 감정을 함께 느끼며, 이 책을 쓴 저자에 대한 이해가 깊어질 것입니다. 그 후 본편을 읽게 되면, 핵심 내용이 훨씬 더 가까이 와 닿을 것입니다.

무엇을 먼저 읽든, 이 책을 다 읽고 나면 모든 부부가 하나님이 펼쳐두신 그 길 위에서, 각기 다른 모습으로 아름다운 열매를 맺어 간다는 사실을 알게 될 것입니다.

Prologue
부부는 길을 같이 걷는 사람

우산이 없어도
옷은 젖어도
우린 건네
비가 오나
눈이 오나
바람이 부나
웃으며 걷는
길은 다
꽃길이라네.

25년 차 부부, 전신근 제행신의 홍대 거리 (2023년 12월) photo by D.H.Song

우리는 25년을 함께 살았다. 인생의 시간 중 절반 이상을 함께 했으니 '나'라는 존재는 '그'(그녀)가 없이는 설명할 길이 없다. 아침엔 함께 눈을 떴고 밤에는 한 이불을 덮었다. 따뜻한 날에는 손을 맞잡고 길가에서 깔깔거렸고 추운 날에는 서러워했다. 두 몸이 마치 하나인 것처럼 주고받고 즐거워했던 날은 또 얼마나 많았던가. 그리고 지금, 하나님 앞에서 한마음으로 기도하고 있으니, 부부란 영과 육의 하나 됨을 경험할 수 있는 가장 신비하고도 유일한 관계이리라.

대학에 갓 입학했던 시절로 거슬러 올라간다. 사랑은 "그 사람이 누구인지 알아보는 대단히 놀라운 시선"이라는 한나 아렌트(Hannah Arendt)의 말처럼 우리는 서로를 보았고 그 안에 있는 무언가를 알아차렸다. 이것은 겉모습이나 외적인 조건 같은 것이 아니다. 그(그녀)가 가지고 있는 본래적이고, 내면 깊숙한 아름다움, 감히 '영혼'이라고 불러도 될 그 무엇이었다. 이러한 시선에 눈뜨게 된 것 자체가 하나님의 선물이다. 동시에 우리의 선택이다. 이 두 시선이 만나 "당신의 육체와 영혼을 나의 평생 사랑하겠다"고 서약했고 계절이 열 번, 또 열 번 하고도 다섯 번이나 바뀌었다.

사랑이란 무엇일까? 막연했던 이미지가 삶이라는 거친 망치질과 정(釘)에 맞아 실체화되고 또렷해졌다. 책을 쓰면서 그 시행착

오와 희노애락을 나누고 '사랑'을 정의하고 싶었다. 그 과정에서 하나님이 그 시선으로 우리 영혼을 보셨다는 것과 그 안에서 전신근과 제행신의 신비로운 부부 됨의 여정을 볼 수 있었다.

나는 당신이 참 좋다. 평생 당신을 더 온전하게 사랑하고 싶다. 부부란, 이 신비에 쌓인 여행을 하는 동반자이자 친구, 남편이며 아내이다.

부부라는 여정을 걷는 모든 이를 초대하며……..

2025년 4월
전신근 · 제행신

1부.
두 사람, 출발선에서 손을 잡다

Where do I begin to tell the story of

어디서부터 이야기를 시작해야 할까요?

How great a love can be

사랑이 얼마나 위대할 수 있는지를

The sweet Love story that is older than the sea

바다보다 오래된 달콤한 사랑의 이야기를

영화 〈러브스토리〉 OST 중 "Where Do I Begin"의 첫 가사다. 지금도 이 노래를 들으면, 새하얀 눈밭 위를 아이처럼 뛰놀던 연인의 모습이 떠오른다. 학창 시절 에릭 시걸(Erich Segal)의 이 책을 읽으며 훌쩍였던 기억도 함께 떠오른다. 그때 궁금했다. 사랑은 이렇게 달콤하고 아프고 가슴 저리도록 아름다운 것일까? 우리는 언제나 사랑을 동경한다. 그래서 사랑을 찾아다니고, 기대하고, 그러다 실망하기도 한다. 그럼에도 사랑을 포기할 수 없다. 아무래도 하나님이 우리를 사랑 없이는 살 수 없게 만드신 것이 분명하다.

개구쟁이 소년을 만난 여인

나는 여전히 사랑이 위대하고, 굉장한 것이라고 생각한다. 우리의 사랑은 더 깊어질 것이라 기대한다. 결혼한 지 25년 된 부부가 사랑에 관해 이런 낙관적인 전망이라니! 이것만으로도 충분히 희망적이지 않은가? 시간이 흐르면 사랑이 변질된다고, 영원한 사랑은 없다고들 한다. 하지만 우리는 새로운 사랑의 노래를 부르고 싶다. 사랑은 불타오르다가 소멸하는 것이 아니라, 생명처럼 자라고 성장하는 것이다.

사랑이 늘 상승 곡선을 그리며 성장하는 것은 아니다. 하지만 사랑은 생명이다. 아주 작은 사랑의 씨앗이 우리 가슴에 심기면 그 씨앗은 싹이 트고 점점 자란다. 사랑이 어떻게 자라고 어떤 꽃을 피우고 열매를 맺을지는 알 수 없지만, 사랑은 그런 성장 가능성을 지닌 생명이다. 특히 그리스도의 생명에서 시작된 사랑은 영원하다. 나는 그 영원한 생명인, 그리스도 안에서 성장하는 사랑에 대해 말하고 싶다.

남편의 첫 인상은 '개구쟁이 소년' 같았다. 이 개구쟁이 소년을 처음 본 건, 내가 대학교 2학년때였다. 그때 남편은 막 들어온 신입생이었다. 동아리 선배가 소개시켜 주었는데 복학생이 왔다며 장난을 치는 바람에, 후배인 줄도 모르고 꾸벅 인사를 했다. 지금은 동안이라는 말을 듣지만, 그때는 오히려 나이가 들어 보였다. 감쪽같이 속았다가 신입생이라는 사실을 알고 깔깔 웃었다. 알고 보니 장난꾸러기 동생이었다니! 남편에 대한 첫인상은 그랬다. 웃음과 즐거움이 뒤섞인, 따뜻한 기억이었다.

원석을 발견하다

남편은 쾌활하고 즐거운 사람이었다. 그와 함께 있으면 아이 같은 유쾌함, 자유로움이 느껴졌다. 내 눈에는 그 안에 있는 좋은 것들이 먼저 보였다. 이런 것을 "콩깍지"라고 불러야 할까? 사랑이 시작될 때 우리는 상대방 안에 있는 특별한 아름다움을 찾아낸다. 한나 아렌트의 말처럼 사랑은 "그 사람이 누구인지를 알아보는 대단히 놀라운 시선"을 갖는 것이다. 그래서 그 사람이 겉으로는 아무리 누더기를 걸치고 있더라도 그 안에 감추고 있는 '원석'을 발견하게 된다. 보석이 되기 전 돌덩이 속에 쌓인 재료, 현재로선 아무것도 보장되지 않은 '가능성'이다.

사람들이 보는 건 그 사람의 외모나 환경, 지위나 소유 같은 외적인 요소들이지, 내면 속 더 깊은 영혼을 바라보지 않는다. 하지만 사랑의 시선은 그것을 가능하게 한다. 사실 모든 사람 안에는 특별하고 고유한, 그 사람만이 가질 수 있는 어떤 것이 있다. 사랑은 그 사람 고유의 특별함을 발견하고, 그 영혼의 아름다움을 끌어낸다. 사랑은 그것이 존재한다고 믿고, 가능하게 만든다. 그건 세상에서 말하는 싹수라든지, 재능, 능력과는 다르다. 그것은 하나님이 그 사람에게 부여하신 진짜 본성, 그분이 의도하셨던 아름다움 같은 것이다.

하나님은 누구에게나 그런 아름다움을 심어 놓으셨는데, 그것이 어떤 껍질에 싸여 잘 보이지 않을 뿐이다. 우리를 감싸고 있는 외적인 것 너머에, 하나님과 하나 됨을 갈망하는 우리 영혼은 아름답다. 하나님은 그런 우리 영혼을 사랑하신다.

이 세상에 있는 수많은 러브스토리도, 대부분은 이렇게 상대방 안에 있는 특별함을 바라보는 데서 시작된다. 우리도 그렇게 연애를 시작했다.

여섯 번이나 헤어진 연애

우리 연애는 쉽지 않았다.

"연하 남편을 만나 역경과 고난을 딛고 결혼에 성공했다!" 첫 책 「지하실에서 온 편지」(세움북스)를 냈을 때 친구가 보내 준 소감문이다. 그 글을 읽고 얼마나 웃었는지 모른다.

맞다! 결혼으로 가는 여정은 험난했다. 남편이 연하인데다 아직 학생이었다. 심지어 졸업 후에는 신학대학원에 진학하겠다고 하니, 신앙이 없던 우리 엄마는 당황스러워하셨다. 집안 반대뿐만이 아니었다. 우리가 속해 있던 선교단체도 우리를 곱지 않은 시선으로 보았다. 그게 벌써 27년 전 이야기다. 1990년대 선교단체들은 '이성 교제 금지'라는, 지금 세대가 보면 이해하기 어려운 규칙이 있었다. 공식적으로 이성 교제가 허용되는 건 졸업반쯤 되어야 가능했다. 나는 졸업을 한 상태였지만 남편은 복학생이라 아직 대학교 2학년생이었다.

젊은 남자와 여자가 만나 서로 호감을 느끼고 연애를 하는 건 자연스러운 일인데, 그것을 통제한다는 건 아마도 1990년대적인 발상이지 싶다. 그러면서도 분기별 신앙 강좌 프로그램에는 연애와 결혼 특강이 꼭 있었다. 그때 졸업을 앞둔 선배 언니가 투덜거리며 했던 말이 기억난다. "매일 강의만 들으면 뭐하니? 연애 한 번을 못해 보는데!"

실전에 들어가면, 막상 연애 강의나 결혼 강의에서 배웠던 내용은 잘 기억나지 않는다. 육아도 마찬가지다. 육아 관련 책이 가장 효과적일 때는 실제로 육아를 하고 있을 때다. 적용이 빠진 배움은 삶에 깊이 박히지 못한다. 안다는 착각에 빠지지만, 실제는 많이 다르다. 그러니 이 글을 읽는 그대들은 새로운 일도 시작해 보고, 여행도 다니고, 할 수 있는 한 다양한 경험을 해 보길 바란다.

보통의 커플은 주변의 축복 속에서 핑크빛 미래를 꿈꾸며 결혼을 하지만, 우리는 사방의 반대와 탐탁지 않은 눈초리 속에서 연애를 하고 결혼했다. 헤어짐을 반복하기도 했다. 순전히 '우리가 사귀느냐, 마느냐'의 문제로 여섯 번이나 이별을 반복했다. 얼마나 마음고생을 했는지, 그 시절 우리 둘 다 인생에서 최저 몸무게를 찍었다. 그래서였을까? 마지막으로 다시 만났을 때는 결혼이 당연한 수순처럼 느껴졌다. 지금도 우리가 결혼하자고 한 게 언제였는지 기억나지 않는다. 우리의 연애 여부가 중대한 문제였기에, 마지막 여섯 번째 이별 후에는 결심이 섰다. 자연스럽게 우린 결혼으로 향하게 되었다.

"행신아, 결혼하는 게 그렇게 좋니?"

2000년 2월 19일, 드디어 우린 결혼했다. 남편은 대학생, 나는 취업 준비생이었다. 지금 생각하면 참 대책 없는 시작이었다. 결혼식은 내가 다니던 교회에서 했다. 힘겨운 연애 끝에 맺어진 결혼이라 그런지, 결혼과 동시에 모든 잡음과 방해가 사라지는 것 같아 홀가분했다. 결혼식 날에 너무 활짝 웃어서 친정엄마한테 혼나기까지 했다. 엄마가 눈을 흘기며 "너는 그렇게 좋니?"라고 핀잔을 주셨다. 그날 친정엄마는 훌쩍이셨고, 남편과 나는 개선장군처럼 씩씩하게 걸어 나갔다.

신혼집은 옥탑방이었다. 살림은 거의 자취생 수준으로, 최대한 간단하게 준비했다. 당시만 해도 허례허식이 많을 때였지만, 우리는 양쪽 집안의 예물 예단 같은 것들은 모두 생략했다. 결혼식 사진 촬영도 친구에게 부탁했고 화려한 웨딩 촬영 대신 자연스러운 스냅사진만 남겼다. 불필요한 것들은 없애고 간단하게 하고 싶었다. 우리의 상황에는 그게 맞다고 생각했다. 화려하고 멋진 결혼식 자체가 결혼 생활을 보장해 주지는 않는다. 다시 돌아간다 해도 결혼식 자체에 많이 투자하지는 않을 것이다. 물론 양가 부모님의 허락이 있었기에 가능했다. 조금 서운하셨을 수도 있지만, 우리의 뜻을 존중해 주셨다.

신혼여행지는 제주도였고, 숙소는 친구가 제공해 준 콘도였다. 특별한 여행 패키지를 예약하지 않고, 그냥 둘이서 제주도 이곳저곳을 돌아다니는 것으로 여행을 즐겼다. 딱히 뭘 할지 몰라 한라산을 오르기로 하고 택시를 탔는데, 기사님이 무슨 신혼부부가 겨울에 한라산을 올라가느냐며 만류하셨다. 그럼에도 우리는 운동화에 아이젠을 차고 눈 덮인 산을 올랐다. 한참을 올라가다 보니 나무들이 눈에 파묻혀 우리 키보다 작아지기 시작했다. 사방은 온통 하얗고, 하늘은 가깝고 청명했다. 나무 꼭대기까지 차오른 눈 위를 걸으며 우리는 참 많이 웃었다. 아무도 밟지 않은 순백의 땅, 그 위를 걷던 우리, 그 오르막길이 지금도 선명하게 기억난다.

25년이 지난 지금도 우리는 여전히 오르막길을 함께 걷고 있다. 우리가 가야 할 산을 향해, 한 걸음씩 손을 잡고 함께 웃으면서 말이다.

남도 남자, 서울 여인을 만나다

대학 시절 첫 봄, 아내를 만났다. 나는 남도 지방의 작은 도시에서 서울로 막 유학 와서 모든 게 낯설고 서툴던 때였다. 홍대 거리의 멋진 사람들과 건물은 나와 전혀 어울리지 않았고, 나의 예민한 자아는 그것을 스스로 잘 알고 있었다. 그러다 보니, 내가 하는 말이나 표정은 불안정하고 들쑥날쑥했다. 남자의 멋스러움은 안정감에서 나온다는데, 그때의 나는 전혀 그렇지 못했다.

아내는 서울 여자였다. 하얗고 깨끗한 얼굴에, 고운 목소리를 가졌으며 아름다운 언어를 사용했다. 어떤 모임 자리에 가든지 사람 자체에서 나오는 밝음과 기쁨으로 그 자리를 편안하게 만들어 주는 사람, 아내는 바로 그런 사람이었다.

내가 아내와 처음 손을 잡기 시작했을 때, 주변 사람들은 그것을 쉽게 받아들이지 못했다. 나에게 화를 내는 선배들도 있었다. 어울리지 않는다는 이유였지만, 그 속에는 그들이 엄두도 내지 못하던 자매를 형편없는 시골 놈이 낚아챘다는 것에 대한 분노가 있었을 것이다.

대학교 3학년 겨울, 우리는 결혼식을 올렸다. 왜 그렇게 빨리 결혼했을까? 절대 사고를 친 것은 아니었다. 물론 사귀면서 점점 서로의 몸을 향한 스킨십의 강도는 높아졌지만, 선을 넘을 용기는 없었다. 부부가 된 첫날 밤에야 우리는 비로소 부부의 즐거움을 누렸다. 그렇다면 왜 그토록 빨리 결혼했을까? 주변 사람들의 적대적인 반대가 오히려 결혼 시기를 앞당겼다. 2년 동안 숱한 외부의 싸움을 치르다 보니 우리는 더 이상 나뉠 수 없는 한 팀이 되어 있었고, 대화는 "사귈까, 말까"가 아니라 "언제 결혼할까"로 자연스럽게 바뀌었다.

우리는 결혼에 대해서 아무것도 몰랐다. 두 집안의 만남이라는 것도, 얼마의 예산이 필요한지도, 인생이 호락호락하지 않다는 것도 전혀 모른 채 신랑 신부로 첫 행진을 했다. 단지 서로 좋아하는 마음이 있었고, 이 사람과 함께 평생 살겠다고 서약했을 뿐이다.

그렇게 사랑을 배워 가는 첫걸음을 떼었고, 그로부터 25년이 지났다. 연애를 시작할 때 주변의 반대 때문에 겪었던 어려움은, 이후에 겪게 될 인생의 풍파에 비하면 아무것도 아니었다. 또한 손을 잡고 캠퍼스를 걸으며 서로의 얼굴을 보던 풋풋한 첫사랑은, 부부가 희노애락의 인생길을 함께 걸으며 네 아이를 키우며 겪는 오래 묵은 하나 됨과는 비교할 수 없었다.

우리는 25년을 함께했다. 작은 씨앗이 자라 조금씩 모양을 갖추었고 이제는 제법 그럴싸한 멋진 나무가 되었다. 서로를 향한 헌신과 충성이 시간이 갈수록 단단해졌고, 우리의 기쁨은 더욱 깊고 탄탄해졌다. 나는 부부란 상대방의 영혼을 볼 수 있는 자리까지 나아가는 것이라 믿는다. 우리는 감히 서로의 영혼과 육체를 보고 그것을 아끼고 사랑한다고 고백한다. 그 마음으로 함께 하나님에게 나아가 나란히 같이 기도하는 사이가 되었다.

동화 속 왕자와 공주님은 결혼하기 전까지 온갖 역경과 방해를 겪는다. 하지만 결혼에 골인하면 이야기는 끝난다. 주인공들의 결혼 생활을 이야기해 주는 동화는 없다. 그래서인지 "그들은 오랫동안 행복하게 잘 살았습니다"라는 해피엔딩이 우리의 소망처럼 들리기도 한다.

핑크빛 예쁜 그림이 연애라면, 결혼은 넓고 긴 대하소설이다. 이제는 더 이상 둘만의 사랑 이야기가 아닌 인생의 씨줄 날줄이 얽히고설킨 사건들로 채워진다. 온갖 일이 일어나며 해결해야 할 과제들이 허들처럼 중간중간 배치된다. 삶이라는 모험이 시작된다고 해야 할까?

우리가 연애 때 힘들었던 것은 외부의 반대였지, 둘 사이의 문제는 아니었다. 그래서인지 아무리 힘들어도 연애는 핑크빛이었고 서로만을 위한 사랑으로 가득했다. 하지만 그때는 사랑이 무엇인지, 삶이 무엇인지 배우는 겨우 첫 단계일 뿐이라는 것을 몰랐다.

언젠가 나보다 인생을 훨씬 오래 사신 분에게 이런 이야기를 들었다. 부부가 살다 힘든 일이 생길 때 둘이 뜨겁게 사랑했던 기억이 있다면 힘들어도 이겨 낼 수 있을 거라고. 그 기억이 시련을 이겨 낼 힘을 줄 거라고 말이다. 그 말에 고개를 끄덕이면서도 내심 불만스러웠다. 현재의 관계를 이어 가는 데 굳이 지나간 추억을 소환해야만 할까? 한때 뜨겁게 사랑했다가 시간이 흐르며 점점 식어 버린, 빛바랜 사랑이라는 말처럼 들리기도 했다. 잿더미를 뒤져 찾아낸 불쏘시개가 지난 사랑의 추억뿐이라면! 이렇듯 사랑은 시간이 지날수록 건조해지고 식어 가는 걸까? 그렇지 않을 수는 없을까? 옛정, 옛사랑을 떠올리며 과거의 애정으로 살아가는 부부 말고, 지금 현재의 사랑으로 충분히 행복하고, 그 사랑이 더 깊어지는 부부. 그런 사랑을 기대하면 안 되는 걸까?

사랑이 더해지는 나눔

| 부부가 함께 질문에 답해 보면서 이야기를 나누어 보세요.
이 나눔을 통해 서로를 더 깊이 이해하게 될 것입니다. |

1. 잠시 두 사람이 처음 만났던 순간으로 돌아가 보자. 그때 상대방의 첫인상은 어땠는가? 어떤 점이 그(그녀)만의 독특한 매력으로 느껴졌나?

2. 처음 만남부터 지금까지의 사랑을 그래프로 그려 보자. 사랑이 뜨겁게 올라갔던 때는 언제였고, 정체되거나 혹시 내려갔던 때는 언제였나?

3. 내가 꿈꾸던 부부의 모습은 어떤 모습인가? 혹시 주변에 이상적인 커플이 있는가? 그들의 어떤 점이 좋아 보이는가?

4. 사랑이란 무엇일까? 가볍고 솔직한 마음으로, 서로에게 물어보자.

Bonus Chapter 1

〈부부 생활의 지혜 더하기〉

결혼하기 전에 상대방에 관해 알아야 할 것

결혼식은 단 하루, 그것도 짧으면 1시간 안에 끝난다. 그러나 결혼 준비는 단순히 결혼식, 집, 신혼여행을 넘어서는 더 많은 준비가 필요하다. 결혼 전에 우리가 반드시 준비해야 할 것은 무엇일까? 무엇보다 나의 배우자가 될 사람에 대한 이해가 필요하다.

서로에게 확인해야 할 질문들이 있다.

첫 번째는, "나는 정말 이 사람에 대해 얼마나 알고 있는가?"이다. 결혼 전 상대방에 대해 아는 것과 결혼 후 알게 되는 것은 비교도 안 될 만큼 다르다. 상대방을 다 알고 결혼할 수는 없다. 그럼에도 미리 점검하고 확인해야 할 점들이 있다.

두 번째는, "나는 이 사람에게 감정적으로 끌리는가?"이다. 일반적으로 사람들은 외모가 훌륭하고 멋진 사람에게 더 눈길이 가고 호감을 느낀다. 그런데 예쁘고 잘생겼다고 해서 그 사람을 꼭 좋아하게 되는 것은 아니다. 요즘 인기 개그우먼 이수지 씨는 매력적이고 재미있는 분이지만, 보통의 연예인처럼 화려하거나 실제로는 존재하지 않을 것 같은 신비로운 이미지는 아니다. 그럼에도 이수지 씨의 남편은 "자신의 이상형은 바로 아내였다"고 말한다. 그 부부를 보면 정말 눈에서 꿀이 떨어지는 것 같다. 참 예쁘고 사랑스러운 부부이다.

진짜 사랑은 상대방을 있는 모습 그대로 좋아하고 존중하는 것이다. 좋아하는 감정은 지극히 주관적이다. 첫눈에 반한다는 뜻이 아니다. 볼수록 알게 되는 그 사람만의 매력, 겉과 속 모든 것에서 느껴지는 감정들이다. 좋아하는 감정에서 점점 '사랑하고 싶다'는 의지가 생기고 결혼을 결심하게 된다. 그 강력한 의지의 바탕에는 상대방을 좋아하는 마음이 있다. 좋아하지도 않는 사람과 결혼의 언약을 맺는 건 바람직하지 못하다.

1. 상대방의 어린 시절과 성장 과정에 대해 알기

우린 산책을 좋아했기에 걸으면서 참 많은 이야기를 나눴다. 부모님과 형제들 이야기, 어린 시절과 학창 시절의 추억들, 힘들었던 기억, 좋아하는 것과 싫어하는 것들까지. 고해성사하듯 자신의 실수와 잘못까지 봇물이 터진 것처럼 다 쏟아냈다. 그때 우리가 20대였다는 게 참 다행이다. 나이가 많을수록 얼마나 더 많은 이야기가 쌓였겠는가. 물론 아무리 오래 걸리더라도 그런 시간은 반드시 필요하다. 결혼이란 두 사람 인생의 새로운 챕터를 여는 일이기 때문이다. 그전에 각자의 지난 챕터들을 정리하는 시간이 필요하다. 왜냐하면 이제부터는 함께 하나의 책을 써 내려가야 하기 때문이다.

사랑의 속성 중 하나가 투명함과 진실함이라고 생각한다. 누군가를 진심으로 좋아하면 그 사람 앞에 숨김없이 다 말하고 싶은 마음이 생긴다. 누가 시킨 것도 아닌데, 우리는 내가 누구인지, 상대가 누구인지 자연스럽게 말하게 되고 서로를 알아 간다. 상대방에게 최선을 다해 나의 진실을 보여 줄 것! 그러나 그 과정에서 상대방을 알아 갈수록 마음이 불편해진다면 다시 한번 고민해 보아야 한다. 결혼 전에 '그럼에도 (불구하고)'인지 '아무래도 (아닌 것 같아)'인지를 선택해야 한다.

2. 상대방의 단점이 나에게는 참을 만한 것인지 알기

보통 연애하면서 사계절을 다 지내 봐야 한다고 한다. 마냥 설레고 좋아 뜨거워지는 시간도 있지만 불안정하고 문제들이 생기는 위기의 순간도 있다. 잠시 서로 떨어져서 생각을 정리할 시간도 필요하다. 우리는 여섯 번이나 이별을 반복하면서 '우리가 정말 사랑하는지', '이런 어려움 속에서도 관계를 이어갈 수 있을지', '왜 이 사람이어야만 하는지'를 진지하게 고민했다. 당시에는 우리의 만남을 반대하는 환경 때문에 많이 속상하고 억울했지만, 지금 돌아보면 오히려 감사하다. 그토록 힘든 시작했기에 우리는 초반부터 고난을 같이 겪어 낸 부부의 전우애가 장착되었다. 힘들게 시작했으니 무조건 잘 지켜 내고 보란 듯이 행복하게 잘 살아 보자는 마음도 생겼다. 고생한 것이 아까워서라도 이 결혼은 어떻게든 끝까지 지켜 내겠다는 마음이었는지도 모른다.

연애할 때 눈에 콩깍지가 씌어 있던 건 사실이지만 상대방의 모습이 무조건 좋게만 보였던 것은 아니다. 상대방이 가진 장점과 단점, 불편한 문제들이 조금씩 보이기 시작했다. 그러면서 나(행신)는 '그럼에도' 이 사람을 사랑할 수 있는지를 깊이 생각하게 되었다.

한 친구가 자기 오빠와 잘 살고 있는 올케를 보면 늘 신기하다고 말했다. 오빠가 술을 자주 먹고 술주정도 심한데, 올케는 그런 모습을 아무렇지도 않게 받아 준다고 한다. 자기는 술 마시고 계속 떠드는 오빠를 보면 꼴도 보기 싫은데, 올케는 괜찮은가 보다고, 서로 잘 맞는다는 것이 그런 거냐며 놀라워했다.

상대의 단점이나 약점이 나에게 거슬려 도저히 참기 힘들다면, 그 관계를 유지하는 데 많은 에너지가 든다. 그만큼 많이 참아야 하기 때문이다. 그런데 친구 오빠 부부처럼, 누군가에게는 분명 단점인 것이 상대에게는 별문제가 되지 않을 수 있다. 이것을 천생연분이라 해야 할까? 혹시 그 사람에게 내가 유독 싫어하는 행동이 있는가? 다른 사람들은 대수롭지 않게 여길지 몰라도, 나에게는 도저히 넘기기 힘든 것들. 그런 점이 내 배우자에게 있다면, 그것을 감당할 각오가 필요하다. 하지만 연애할 때는 콩깍지가 씌어 괜찮다가, 결혼 후에 문제로 다가온다면 그 책임은 나에게도 있다.

그래서 연애 기간에 이런 점들을 충분히 살펴보아야 한다. "연애할 때는 두 눈을 크게 뜨고, 결혼 후에는 한 눈을 감고 살라"는 말이 있다. 결혼 전에 체크해 보자. 상대방의 단점이나 문제가 나에게 얼마나 심각하게 다가오는지, 내가 잘 감당할 수 있는 문제인지, 상대방이 처한 환경이나 현실적인 상황, 가정 배경도 포함해서 점검해야 한다. 건강 문제, 재정 문제, 성격 문제 혹은 신앙 문제 등 나와 부딪히는 부분은 무엇인가? 지금은 연애 호르몬이 과하게 분비되어 다 이해할 수 있을 것 같지만, 막상 결혼하고 나서는 내게 가볍지 않은 문제가 되기도 한다.

예를 들어, 나(행신)는 말투에 민감하다. 상대방이 분명 나에게 호감이 있다는 걸 알면서도 대화 중에 은근히 깎아내리거나 비난하는 듯한 말투를 쓰면 참기 힘들다. 어떤 사람은 경제적 안정이 매우 중요할 수도 있다. 사람마다 민감하게 반응하는 부분이 다르다. 결국 이것은 내가 나 자신에 대해 얼마나 잘 알고 있는가, 즉 나에 대한 지식과 관련된 문제이다.

우리는 모두 불완전하다. 하지만 살아온 궤적에 따라 어떤 부분은 비교적 강하고 어떤 부분은 취약하다. 배우자를 만날 때 서로가 같은 취약점을 갖고 있는 사람보다는 서로의 약점을 보완해 줄 수 있는 사람을 만나는 것이 좋다.

물론 아무리 나와 잘 맞는 배우자를 선택한다 해도 결혼 생활이 순탄할 것이라는 보장은 없다. 그럼에도 결혼 전이라면 최대한 두 눈을 크게 뜰 것, 그러나 결혼 후라면 한쪽 눈을 꼭 감기를 권한다. 이 순서를 반대로 하면 결혼 생활이 비극에 빠질 것이다.

3. 서로의 미래 계획에 대해 알기

우린 20대에 만나 25세(신근), 27세(행신)일 때 결혼했다. 그때 우리가 25년 후의 모습을 과연 알 수 있었을까? 상상만으로는 미래를 알 수 없다. 인생은 계획한 대로 되지 않는다. 하지만 서로가 꿈꾸는 것, 삶의 가치나 가고자 하는 방향은 미리 확인해 볼 필요가 있다. 그(신근)는 대학 졸업 후 신학대학원에 가기를 원했다. 나(행신)에게는 그 말이 부유하고 안정된 삶을 기대하기는 어렵다는 뜻으로 들렸다. 그때 그(신근)에게 요구할 수 있는 것과 없는 것들에 대해 생각해 보았다. 돈이 많아지거나 풍요로운 삶을 기대할 수는 없겠다는 생각이 들었다. 하지만 그는 늘 대화하며 마음을 나눌 수 있는 상대라는 것은 분명해 보였다. 돈은 부족할지는 모르나 마음만은 외롭지 않을 것만 같았다. 이 사람과 함께 산다면 기대할 수 있는 것과 기대할 수 없는 것이 어느 정도는 보였다. 중요한 가치들만 흔들리지 않는다면 괜찮을 것 같았다.

그(신근)에게도 물어보았다. 나(행신)는 목회자의 아내가 된다는 것이 자신이 없고 부담스러웠다. 그도 사모감을 원하는 것이 아니라고 했다. 그냥 제행신의 모습 그대로 자신의 아내 역할만 기대한다고 했다. 그는 남의 눈치를 보는 사람이 아니었고 자유로운 성격임을 알기에 그 부분은 일단 안심이 되었다. 아무래도 목사가 되고 사모가 되면 그 역할에서 자유로울 수는 없다. 그것은 자연스럽게 따라오는 부담이다. 하지만 그 부담이 어디서 오느냐는 다른 문제다. 사모라서 부담스러운 건 사실이지만 남편이 나에게 부담을 주지 않는다면 괜찮을 것 같았다.

4. 상대방의 가치관, 신앙관 알기

"안 믿는 사람과 결혼할 수 있을까? 굳이 신앙이 같아야 할까?"를 묻는다면 딱 잘라 "YES"나 "NO"라로 말하기는 힘들다. 긴 인생의 시간을 볼 때 신앙이 언제 생길지 알 수 없기 때문이다. 20-30대에 안 믿던 사람이 중년이 되어 믿음을 가질 수도 있다. 반면에 청년 때 뜨거운 믿음을 가졌던 사람이 중년이 되면서 교회를 떠나기도 한다. 먼저 된 자가 나중 되고 나중 된 자가 먼저 되는 것이 신앙의 세계이다. 사람이 어떻게 바뀔지는 알 수 없다. 이것은 우리의 영역이 아니다. 겉모습만으로 신앙의 유무를 판단할 수도 없고 예측할 수도 없다. 다만 결혼할 때 처음부터 신앙이 다른 경우, 불협화음이 생기는 건 사실이다. 일단 주일에 예배를 드리는 것부터 문제다. 상대방이 교회를 가지 말라고 하지는 않더라도 내가 신앙을 우선으로 살기가 힘들어진다. 신앙이 없는 배우자 입장에서는 매주 있는 주일 예배가 특별히 우선시되어야 할 이유가 없기 때문이다. 여행이나 모임, 가족 행사만큼 중요해 보이지 않는 게 당연하다. 교회는 '다음에 가도 된다'고 생각한다.

살다보면 어려움이 닥쳐오고 힘들 때마다 마음의 중심이 드러난다. 무엇을 가장 의지하고 있는지는 그때 나온다. 그리스도인이라면 하나님을 의지하겠지만 비그리스도인이라면 다른 방법을 찾을 것이다. 우리 부부도 그랬다. 삶에 어려움이 찾아왔을 때 우리를 하나로 묶어 준 건 예배였다. 부부가 같은 방향을 바라본다는 것은 굉장히 중요하다.

하지만 신앙이 같다고 해도 편협할 수는 있다. 추구하는 예배의 방식이나 기도의 방식 등 신앙의 색이 다를 수 있다. 이럴 때 자기 방식만을 고수한다면 갈등이 깊어질 수밖에 없다. 그래서 신앙보다 인격을 보라고 하기도 한다. 이건 변화가 어려운 영역이 어디냐의 문제이다. 변하기 힘든 부분이 신앙일까, 인격일까? 진실한 신앙인이라면 하나님이 그 사람을 변화시켜 주실 것이다.

2부.
우리 왜 결혼했을까?

우리가 어렸을 때는 지금 아이들과는 달리 수업을 마치면 교실이나 운동장에서 시간을 보내는 일이 많았다. 친구 집에 놀러 가서는 시시덕거리며 별별 이야기를 나누곤 했다. 그중 하나가 괴담이었다.

밤 12시에 세숫대야에 물을 채워 놓고 입에 칼을 물고 있으면 물 위로 미래의 배우자 얼굴이 비친다는 것이다. 화장실에서 촛불을 켜 놓고 두 개의 거울을 서로 마주 보게 두면 배우자가 보인다는 이야기도 있었다. 십 대 청소년들 사이에서는 미래의 결혼 상대에 관한 이런 기이한 이야기들이 많이 떠돌아다녔다.

얼마나 미래의 배우자가 궁금했는지, 호기심에 진짜 해 봤다는 친구도 있었다. 나는 결혼 안 하고 혼자 살겠다며 관심 없는 척하는 새침떼기였지만 혹시나 하는 마음에 밤 12시만 되면 괜히 거울을 힐끔거렸다. 물론 거울 속에는 한창 고민 많고 뚱한 표정의 여자 아이만 있었지만 말이다.

계속 사랑할 존재가 필요해

누가 가르쳐 주지 않아도 자연스럽게 우리는 사랑과 결혼에 관심을 가진다. 아이들도 막연히 나중에 커서 누구랑 결혼할 건지 자기 짝은 누구인지 궁금해한다. 사랑하고 사랑받고자 하는 마음은 인간의 본성이다. 굳이 학습하지 않아도, 인간에게는 사랑에 관한 욕구가 있다. 이제 갓 태어난 아기들도 사랑에 반응한다. 아기를 키울 때 먹이고 입히고 생존하게 하는 것만으로는 충분하지 않다. 아기들은 사랑을 원한다. 안아 주고, 보살펴 주고, 지속적이며 안정적인 애정을 부모와 주고받아야 한다. 애착이 필요하다. 애착(attachment)이란 "인생 초기에 가까운 사람에게 강한 감정적 유대를 형성하는 것"(볼비, Bowlby 1969)이다. 정도의 차이는 있을 뿐 어른도 마찬가지다. 우린 사랑하는 대상에게 애정을 느끼고 유대 관계를 맺으며 애착을 갖는다. 물론 '사랑=애착'은 아니지만, 사랑하는 대상에게 애착을 느낀다. 피부 접촉과 포옹 등을 통해 육체적, 정서적 간격을 최대한 가까이 밀착하며 친밀감을 느낀다.

태 속에서 엄마와 한 몸을 이루던 아기가 세상에 나와 분리된다. 탯줄이 끊기고 다른 공간으로 나아간다. 이 과정이 아기에게는 고통스러운 일이다. 엄마와 한 몸을 이루었다가 분리되는 과정에서 아기는 불안과 두려움을 느낀다. 이때 아이를 안아 주고 안심시키며 애착을 형성해야 아이는 안정된 정서를 가지게 된다. 그러던 아기가 점점 자라 유아기, 아동기, 청소년기를 거쳐 독립된 인격체로 성장한다. 성인이 되면 아이는 부모로부터 분리되고 독립하는 과정을 거친다. '결혼'은 부모로부터 완전한 독립을 의미한다. 싱글일지라도 이 과정은 필요하다. 의존성은 아이에게는 마땅히 필요한 것이지만, 성인에게는 그렇지 않다. 결혼이라는 분깃점이 없더라도 성인이 되면 부모로부터 경제적, 정신적으로 독립해야 더욱 건강한 어른이 된다.

그런데 왜일까? 우리는 함께할 누군가를 늘 갈망하게 된다. 이제는 그 대상이 엄마가 아니다. 우리는 새로운 애착 상대를 필요로 한다. 타인을 사랑하고 타인에게 사랑받고 싶어 한다. 친밀함과 일체감에 대한 갈망이 생긴다.

인간의 성장과 삶을 보면, 크게 '엄마와의 분리 → 홀로서기(독립) → 사랑하는 누군가와 하나 됨'으로 이어진다. 그런데 사랑할 대상을 찾았다고 해서 사랑이 완성되는 것일까? 그건 아니다. 그것은 사랑의 시작일 뿐이다. 그 사랑이 자라고 성숙해져 온전한 연합, 하나 됨을 이루어 가는 과정이 필요하다. 사랑은 서로 간의 관계이고 그 관계의 온전함을 이루는 것이다.

하나님은 부부가 서로 사랑으로 하나 되기를 원하시고 우리가 그분과 하나 되기를 원하신다. 부부의 연합은 또한 하나님과의 연합을 향해 나아간다.

하나 됨의 DNA

우리가 이 땅에 태어나 죽음이라는 지점에 이르기까지 해야 할 일은 하나님과의 연합이다. 하나님과 분리되었던 존재가 다시 연결되어 하나를 이루는 일이다.

정리하자면, 삶의 과정은 1번에서 3번으로 향하는 여행이다.

1. 엄마의 자궁 ⟫⟫ 세상 밖으로   2. 분리(독립)된 개체 ⟫⟫ 사랑으로 연합(결혼)

3. 죄로 인한 분리 ⟫⟫ 예수님과 나의 하나 됨

* 2번과 3번은 함께 가는 것이며, 이것이 부부의 사랑이고 참된 결혼이다.

우리의 몸은 엄마의 자궁에서 시작된다. 그러나 우리가 만들어지기 훨씬 오래전부터 하나님의 시선 속에 이미 지금의 우리가 있었다.

시편 139편 13절에서 "주께서 내 내장을 지으시며 나의 모태에서 나를 만드셨나이다"라고 했듯이 우리에게 생명을 주시고 우리를 만드시는 분은 하나님이다. 또한 16절에서는 "내 형질이 이루어지기 전에 주의 눈이 보셨다"고 한다. 에베소서 1장 4절(새번역)에서는 하나님이 "세상의 기초를 놓으시기 전에 그리스도 안에서 우리를 선택하셨다"고 한다.

그런데 영혼은 언제부터 존재했을까? '시간'은 인간의 개념이다. 이 땅에서 살아가는 동안 우리는 시간 속에 살아가지만 출생 이전과 죽음 이후는 지금의 시간 개념과는 다르다. 세상의 시작과 끝 사이에 우리가 있고, 그 두 점 사이의 시간 안에서 우리는 유한하다.

태초에 하나님이 인간을 만드셨고 성부 성자 성령, 삼위일체 하나님의 연합을 우리에게 보여 주셨다. 하나님은 그분이 지으신 존재들이 하나님과 하나 되기를 원하셨다. 남자와 여자, 하나님은 서로 깊이 연결되고 하나 된 관계였다. 하지만 죄가 모두를 분리시켰다. 남자와 여자가 분리되고 하나님과 인간이 분리되었다. 에덴에서 그 관계가 갈라지고 깨졌다. 그것을 다시 이어 주신 분이 예수님이시다. 우리가 가야 할 길을 한 문장으로 요약한다면, "하나였다 깨져 버린 우리가 다시 하나 됨 이루어 가는 여정"이라고 할 수 있다. 그래서 우리 안에 하나 되고 일치되고자 하는 DNA가 장착되어 있는지도 모르겠다.

사랑하는 두 사람이 향하는 곳

"여섯 번이나 헤어졌으면 이제는 끝이야."
"우리 둘은 왜 만나는 거야?"

이렇게 주변 사람들이 하나같이 반대를 하니 우리는 고민에 빠졌다. 만남의 이유를 찾아야 했다. 그러던 어느 날, 우리는 이런 대화를 나누게 되었다.

"신근아, 우리는 왜 만나야 하지?"
"그건 사랑을 배우기 위해서지."
"그건 또 뭔 소리야! 지금 우리가 하는 건 사랑이 아니라는 거야? 배우긴 뭘 배워?"

그 시절 남편의 대답에 나는 어리둥절했다. '사랑을 배우기 위해서'라고? 연애의 감정으로 충만했던 그때 '배운다'라는 단어는 참 낯설게 들렸다. 당시 우리에게 사랑이란, 지금 우리 사이에 존재하는 '좋아하는 감정의 크기' 정도였다. 사랑에 빠지는 것을 곧 사랑이라 여겼고, 그 감정이 지속되는가 여부가 사랑의 기준이라고 생각했다.

스캇 펙(Scott Peck)은 '누군가와 사랑에 빠진다'는 것은 의식적으로든 무의식적으로든 성적인 자극을 받을 때 생기는 감정이라고 했다. 서로 좋은 감정을 주고받고 호감을 느끼는 과정은 논리적으로 설명되지 않는다. 물론 소개를 받거나 공식적인 주선으로 만난 경우라면 좀 더 명확할 수 있겠지만, 연애의 경우 감정의 시작점은 분명히 구분하기 어렵다. 누군가를 좋아하고 연애하는 마음은 설명하기 어려운 신비다.

연애할 때 누가 먼저 좋아했느냐, 어떻게 사귀게 되었느냐를 두고 서로 의견이 엇갈리기도 한다. 사랑은 착각에서 시작된다더니! 서로 자기를 좋아하는 줄 오해했던 걸까? 사랑은 설레는 마음, 환하게 빛나는 표정, 서로를 향한 시선에서 나타난다. 사랑은 감출 수가 없다. 이러니 우리가 로맨스를 동경하게 되는 것이다.

사랑에 대한 오해

사람들은 왜 사랑에 빠지기를 원하는 것일까? 스캇 펙은 「아직도 가야 할 길」(율리시즈)에서 "사람들은 고독하며 개인의 정체성이라는 성벽 뒤에서 탈출하여 어떤 화합과 일체감을 경험하고 싶어한다"고 했다. 사랑에 빠질 때 이런 도피가 일시적으로나마 가능해진다는 것이다. 사랑에 빠지는 현상의 본질은 "자아 경계의 일부를 과감하게 무너뜨리고 자신의 자아와 다른 자아가 하나가 되는 일체감"을 느끼게 한다는 데 있다. 사랑에 빠지면 사랑하는 대상과 하나 되기를 열망하게 된다. 문제는 이런 일체감이 지속적이지 않다는 것이다. 성숙한 사랑에서 나오는 전인격적인 연합과는 다르다. 처음 사랑에 빠졌을 때 분비되는 연애 호르몬이 완전한 사랑의 맛보기를 경험하게 할 뿐이다. 만난 지 얼마나 되었다고 생판 모르는 타인과 사랑으로 하나 되는 경지에 갈 수 있겠는가? 육체적 결합은 빠르게 두 사람에게 일체감을 주지만, 이는 어디까지나 일시적이다.

사실 타인이란 불편한 존재다. 그럼에도 사랑에 빠지면 육체적 정신적인 거리가 급속히 가까워지며, 서로를 기꺼이 드러내며 받아들이게 된다. 이처럼 사랑에 빠지는 경험은 사랑을 키워 가는 데 있어서 일종의 방아쇠 역할을 한다. 하지만 사랑에 빠지는 것 자체가 사랑의 전부는 아니다.

정신과의 임상에서 사랑의 정의는 중요한 의미를 지닌다고 한다. 일반적으로 심리 치료를 받으러 오는 환자들은 예외 없이 사랑의 본질을 혼동하고 있다. 이런 '사랑의 신비함' 때문에 사랑에 대한 오해가 난무한다. 사랑에 빠졌을 때 서로 완벽한 일치를 이루는 것이 가능할 거라고 생각한다. 둘 사이에 어떤 것도 끼어들 수 없고 사랑은 영원하리라 믿는다. 이 감정은 영원하며 유일할 거라는 생각을 하게 된다. 어떤 역경도 다 이겨 낼 수 있을 것만 같다.

그러나 안타깝게도, 이러한 로맨틱한 사랑에 사로잡히는 기간은 평균 2년 정도라고 한다. 사람마다 기간의 차이가 있겠지만 어찌 되었든 우리를 황홀하게 만드는 '콩깍지'가 씌인 그 기간은 유한하다는 것이다. 이 감정에는 유통기한이 있다. 문제는 이 '사랑에 빠진 상태'를 사랑이라고 착각할 때 생긴다. 그래서 사랑의 황홀경이 끝나고 감정이 식기 시작하면, 사랑에 대해 의심이 생긴다. '이젠 우린 더 이상 사랑하지 않아!'라는 생각은, 바로 사랑의 본질에 대한 오해에서 나온 것이다.

그렇다면 사랑한다는 것은 도대체 무슨 뜻일까? 옛날 사람들에게 사랑은 '결혼'을 기점으로 시작되었다. 즉 결혼을 한 후에야 사랑이 발전한다고 여긴 것이다. 현대를 살아가는 우리에게는 참 낯선 사랑의 개념이다. 지금 우리는 개인적인 사랑의 경험이 발전하여 결혼으로 이어지는 '낭만적인 사랑'을 추구하기 때문이다. 누군가를 좋아하는 감정은 소중한 선물이다. 그런 감정은 우리가 원한다고 생기는 게 아니다. 그 감정은 사랑을 키워 나가기 위한 좋은 동력이자 재료이다. 그리고 사랑이 싹트고, 자라고, 열매를 맺도록 돕는다. 자신이 정말 좋아하는 사람을 사랑하는 것이 더 수월한 건 사실이다. 부부 관계에 어려움이 생기고 위기가 찾아올 때 서로 깊이 빠져 사랑했던 기억이 있다면 그 애정의 끈은 쉽게 끊어지지 않는다고 한다. 그런데 이 사랑의 감정을 어떻게 계속 유지할 수 있을까?

영혼을 바라보는 시선

우리의 눈은 상대의 안에서 빛나는 무언가를 보았고, 우리는 그것을 무척 사랑했다. 영혼이란 그 사람이 더 나아졌다고 더 좋아지거나 덜 좋아지는 그런 것이 아니다. 왜냐하면 영혼은 아주 오래전, 모든 것이 창조되기 전부터 존재했고 앞으로도 영원히 존재하는 것이기 때문이다. 놀랍게도 하나님은 그런 시선으로 우리를 바라보신다. 하나님은 우리 영혼을 사랑하신다. 우리가 아직 연약할 때, 우리가 아직 죄인 되었을 때, 그분은 이미 우리를 사랑하셨다. 우리가 철부지처럼 하나님을 모르고 엉망으로 살았을 때나, 하나님을 미워하고 거부했을 때나, 혹은 하나님을 기쁘시게 할 때조차도 상관없이, 그분의 눈은 언제나 우리의 영혼을 바라보셨고 변하지 않는 마음으로 우리를 사랑하셨다. 마치 아이가 갓 태어났을 때부터 지금까지, 그의 몸과 마음은 수시로 자라고 변해도 부모는 같은 마음으로 아이를 사랑하는 것처럼!

사랑하면 그 영혼을 보는 눈을 가지게 된다. 그 영혼을 귀하게 여기며 그 영혼을 바라보고 기뻐하시는 하나님의 그 마음에 함께하게 된다. 그분과 함께 바라고 소망하고 인내하고 축복하게 된다. 사랑은 변하지 않는 것을 믿고, 붙드는 것이다.

사랑에 빠진 그 기억으로

신앙이 단계를 거쳐 성장하고 성숙해지듯, 사랑도 마찬가지다.

처음 예수님을 만났을 때, 가슴이 터질 듯한 기쁨과 충만함을 경험한다. 우리도 그랬다. 인간은 누군가와의 만남을 통해 성장한다. 하나님과의 만남은 내 삶을 가르는 분기점이 된다. 우연처럼 시작된 만남이었지만, 돌아보니 운명이었고, 나의 선택인 줄 알았는데 하나님의 주권 아래에서 이루어진 섭리였음을 고백한다. 배우자와의 만남도 그러하다. 일시적인 관계가 아니라, 평생 이어지는 만남이다. '사랑을 배운다'는 것과 '신앙의 여정'은 참 많이 닮아 있다. 둘 다 시간이 걸리고 훈련이 필요하다.

예수님을 처음 인격적으로 알고 만났던 경험, 그 첫사랑은 기나긴 신앙의 여정에서 다시 돌아가 회복해야 할 지점이 되기도 한다. 사랑도 그렇다. 사랑에 빠졌던 기억, 그때의 감정과 경험은 사랑이 성장하고 발전하는 데 동력으로 작용한다. 이 모든 시작을 그렇게 세팅해 두신 것은 우리를 잘 아시고 이끄시는 하나님의 지혜로운 계획이 아닐까?

그렇지 않고서야 우리가 어떻게 선뜻 '사랑'이라는 모험을 할 수 있을까? 전혀 모르는 남을 사랑하기로 결심하고 그 사랑을 이어 가는 것은 쉬운 일이 아니다. 서로의 매력에 눈이 멀어 사랑에 빠지고 잠시나마 사랑의 황홀함을 경험해야 가능하다. 그 후 사랑의 여정이 이어진다. 화려하게 시작했든, 덤덤하게 시작했든 사랑은 우리의 삶과 함께 자라고 성장한다(물론 이 내용은 주관적일 수 있다. 우리 부부는 사랑에 빠져 연애하고 결혼까지 이어졌지만, 간혹 어떤 부부는 결혼하기로 결심하고 나서야 사랑의 감정이 생기기도 한다. 사랑의 방식은 사람마다 조금씩 다르다. 순서가 어찌 되었든 사랑은 감정과 의지의 결합이라고 믿는다).

상대방에게 내어 주는 내 안의 공간

스캇 펙은 "사랑은 일종의 자기 확장, 자기 자신이나 타인의 영적 성장을 도울 목적으로 자신을 확대시켜 나가려는 의지"라고 말했다. 즉 사랑한다면 서로가 성장해야 한다는 것이다. 사랑은 상대방의 성장을 돕지만 그것은 필연적으로 자신의 확대와 성장을 가져온다. 사랑을 하려면 아프더라도 자신의 한계를 허물어 확장해 나가는 과정이 필요하다.

사랑의 감정, 사랑하고 싶은 욕구는 자신의 한계를 부수어야 하는 고통을 감수하게 하는 동기일 뿐, 그 자체가 성숙한 사랑은 아니다. 사랑한다는 것은 내 안에 상대방을 위한 공간을 내어 주는 일이다. 내 안에 누군가가 들어올 수 있는 공간이 없다면, 우리는 누군가를 사랑하기 힘들다. 내가 깨지고 나의 용량이 커지지 않고는 내 안에 타인을 위한 여유가 생기지 않기 때문이다. 사랑에는 고통이 따르고 사랑한다는 것은 진통을 겪는 일이다. 그 고통이 결국 우리 한계를 확장하고 성장으로 이끈다.

그렇다고 해서 사랑이 자신을 지운다는 의미는 아니다. 성장통은 나를 부정하고 소멸하는 것이 아니라, 나를 확장시키고 더 커지게 한다. 사랑은 그런 성장통을 가져온다.

"사랑이란 무엇인가?"라는 질문은 사랑의 궁극적인 목표와 연결된다. 우리가 사랑함으로 얻게 되는 것은 무엇일까? 우리의 사랑은 어디를 향하며, 무엇을 위함일까? 언젠가 아이들 교과서 귀퉁이에서 생택쥐베리의 사랑에 관한 글귀를 본 적 있다.

> 사랑이란 서로 마주보는 것이 아니라 둘이 똑같은 방향을 내다 보는 것이라고 인생은 우리에게 가르쳐 주었다.

같은 곳을 향해 걸어가는 동안 우리는 성장한다. 사랑은 서로를 성장하게 한다. 그렇다면 사랑은 어디를 향하는 걸까? 과연 사랑이 가는 길은 어디일까?

우리가 성장한다는 것은 좀 더 온전한 사람이 되어 가는 것을 말한다. 하나님 안에서 우리 목표는, 시간이 갈수록 더욱 그리스도를 닮아 온전한 그리스도인이 되어 가는 것이다. 우리가 온전한, 흠 없는, 거룩한 존재가 되어 가는 것이다. 사랑은 단순히 호감을 느끼고 좋아하는 정도가 아니라 상대방을 자라게 한다. 사랑이 우리를 더 나은 사람, 더 괜찮은 사람으로 만든다. 그것이 힘든 과정이더라도 결국 우리를 복되게 한다.

사랑한다고 꼭 결혼해야 할까?

언젠가 나(행신)는 도서관에서 레몬청 만들기 프로그램에 참석한 적 있다. 열 명 정도가 모였고 대부분 40-50대 주부들이었다. 서로 모르는 사이라 처음에는 조용히 레몬 썰기에만 열중하고 있었는데 갑자기 한 분이 수다의 물꼬를 트기 시작했다. 그냥 일상적인 말들을 주거니 받거니 하다가 한 분이 모두에게 질문을 했다. "여기 계신 분 중에 다시 결혼해도 지금의 남편과 결혼하고 싶은 사람 있어요?" 그분은 100퍼센트 "NO!"를 예상하신 것 같았다. 그런데 한두 분이 "그렇다"고 긍정적인 대답을 하셨고, 다들 놀랍다는 반응을 보였다. 역시나 몇몇 분의 입에서 "내 인생의 최고의 실수는 지금의 남편을 만난 거예요", "철천지원수가 따로 없네요" 등등의 말들이 오갔다. 결혼해 보니 실망이고 결혼 생활이 행복하지 않다는 것이 주된 이야기였다. 이처럼 결혼해서 행복하게 잘 살기란 쉽지가 않다.

확실히 예전보다 결혼 연령이 늦어지고 결혼하지 않고 혼자 살겠다는 사람도 많아졌다. 차라리 혼자 살면서 방해받지 않고 하고 싶은 것을 하며 사는 것이 낫다는 것이다. 연애만 하면서 말이다. 거기에다 아이까지 낳아 양육할 것을 생각하면 결혼은 미친 짓이라는 말이 틀리지만은 않다.

그렇다면 우린 왜 결혼을 하는 걸까? 결혼을 꼭 해야만 하는 걸까? 전통적 문화에서 결혼은 단순히 개인 간의 관계가 아니라 가족, 사회, 경제까지도 깊이 연관되어 있다. 두 집안이 만나는 일이었고, 성인이 가정을 꾸려 자녀를 낳아 대를 이어가는 것이 당연한 일이었다. 또 결혼이라는 테두리 안에서 부부라는 관계를 인정해 주었다. 결혼은 남녀가 공식적으로 잠자리를 함께할 수 있는 제도이기도 하다. 어른이 되면 결혼을 하고 아이를 낳아 키우며, 가정을 꾸리는 것이 당연했다.

하지만 점점 결혼은 더 이상 필수가 아닌 선택이 되어 가고 있다. 사랑은 해도 결혼은 싫다고 한다. 이런 시대에 우리는 "왜 결혼해야 하는가"에 대한 질문에 뭐라고 답할 수 있을까?

선을 넘을 듯 말 듯 아슬아슬한 스킨십

요즘에는 '동거 문화'도 낯설지 않다. 서로 좋아서 사귀면 자연스럽게 동거를 한다. 살림을 합치는 것이 더 경제적이라는 합리적인 이유도 있다. 어떤 결혼 관련 책의 저자는 서로에 대해 제대로 알기 위해서 결혼 전에 '동거하는 것'을 적극 권장한다고 했다. 정말 놀라운 일이다. 이것이 요즘 세태인가?

많은 연인이 동거하고 있다는 것과 동거를 대놓고 권장하는 것은 분명히 다르다. 예전에도 동거 문화가 없었던 건 아니지만, 그것을 당연한 일로 주장할 정도는 아니었다. 이는 옳고 그름의 문제라기보다 사람들이 가지고 있던 결혼의 목적이나 결혼에 대한 가치관의 변화 때문이라는 생각이 든다. 사랑하는 두 사람이 동의하에 같이 살겠다는데 무엇으로 그것을 반대한다는 말인가? 아이들이 종종 묻는다. "결혼 전에 같이 살면(혹은 같이 자면) 안 된다는 말이 성경 어디에 있어요?" 요즘 아이들은 그동안 우리가 너무 당연하게 여겨서 질문조차 하지 않던 것들에 대해 질문한다.

박완서 작가의 소설 「그 남자네 집」(현대문학)에는 두 남녀가 연애를 하는데, 주로 한적한 장소나 둘만의 비밀 장소에서 만났음에도 둘이 섹스를 하지 않았다는 내용이 나온다. 나중에 주인공이 그때를 회상하며 "우리가 섹스를 하지 않았던 이유는 둘 다 임신에 대한 지독한 공포" 때문이었다고 말한다. 그 말에 공감이 갔다. 우리 부부도 연애 때 스킨십을 많이 했고 선을 넘길 만한 상황도 종종 있었다. 그럼에도 선을 넘지 않았던 것은 둘 다 결혼 전 섹스를 할 만큼 용감(?)하지 못했기 때문이었다. 그 부분에서는 확고한 가치관이 작용했다. 우리는 둘 다 '혼전 성관계'는 해서는 안 된다고 생각했다. 그래서 결혼을 서둘렀다. 그것이 임신에 대한 공포든 보수적인 결혼관이든 간에 우리에게는 꽤 강력한 동기로 작용했던 것이 사실이다. 그런데도 우리가 왜 그렇게 해야 했는지 당시에는 잘 몰랐던 것 같다.

세상이 매우 많이 변했고 지금 세상의 가치관 속에서 교육받고 자라온 아이들 입장에서는 이상할 수도 있다. 세상은 이제 "서로

합의만 된다면 아무런 문제가 없다"고 말한다. 실제로 성폭력이냐, 아니냐를 판단할 때 가해자들이 앵무새처럼 되뇌는 말이 '합의에 의한 성관계'라는 주장이다. 아무리 불리한 상황이라도 '합의'와 '상대방의 동의'만 인정되면 큰 문제가 되지 않기 때문이다. 이것이 성에 관한 요즘 사람들의 일반적인 생각이다. 이제는 불륜도 죄가 아니다. 상대에게 얼마나 손해를 끼쳤는가에 따라 위자료 청구만 가능할 뿐, 형법으로는 처벌할 수 없게 되었다.

난 이 사람과 결혼하기로 했다

결혼은 '이 사람이라면 평생을 함께해도 되겠다'는 의지가 생겨서 하는 것이다. 그런데 생각해 보면 그 이유란 게 참 어설프고 불완전한 동기들로 뒤섞여 있다. 아직 학생인 남자와 임용고시를 준비하는 백수인 여자, 우리는 왜 결혼까지 결심했을까?

서로를 좋아한 건 사실이지만 단지 그 사실만으로 결혼이라는 인생의 중대사를 결정하지는 않는다. 겉으로는 남자의 조건만을 보고 결혼한 속물과는 거리가 멀어 보였으나, 나(행신)는 아직 미숙했고 약간의 이기적인 마음이 있었다. 특히 사역자(장차 목사나 선교사가 될 사람)와 결혼을 결심할 때는 나름 신앙적인 헌신을 한다는 마음도 작용한다. 나는 남편과의 결혼을 생각하면서 마치 가시밭길을 선택하는 것 같은 비장한 각오도 갖고 있었다. 남편의 가식 없는 솔직함과 당당한 태도가 좋았다. 너무 착하고 순해 보이는 사람보다는, 똑똑해 보이는 사람이 더 나은 것 같았다. 사랑을 얻기 위한 남편의 허풍과 허세 또한 만만치 않았다. 그게 콩깍지 씌인 눈이었겠지만, 그런 모습이 오히려 장래가 촉망(?)되어 보이기도 했다. 특히 '사모로 서원했다'는 분들은 장차 한 교회의 존경받는 영적 리더로서의 남편, 훌륭한 목회자의 아내라는 꿈을 갖는다. 그러나 나중에 목회가 힘들어지거나 기대만큼 사역이 펼쳐지지 않을 때에는, 마치 자신의 꿈이 무너지는 듯한 실망감에 힘들어하기도 한다. 다행히 나는 그런 마음은 아니었다. 하지만 내심, 남편이 유능하고 똑똑하니 바보처럼 손해 보면서 살지는 않을 거라는 기대가 있었다.

이렇게 각자 자기 기준에서 바라는 것들, 기대하는 것들이 있게 마련이다. 어떤 사람은 자신의 배우자가 사랑받고 자란 사람 같아서 긍정적일 거라는 기대를 하기도 하고, 어떤 사람은 신체적인 건강이 눈에 들어와 질병 걱정이 없을 거라고 기대한다. 심지어는 부모랑 사이가 안 좋아 시댁 혹은 친정의 간섭이 없을 거라고 기대하거나, 평범한 외모라 외도할 걱정이 없다고 안심하는 사람도 있다. 넉넉한 재산, 안정된 직장, 요리를 잘하는 것 등, 정말 다양한 것에 꽂혀서 결혼을 결정한다. 그래서 성숙한 조언가들은 이왕이면 사라질 것들보다는 상황이 변해도 변하지 않을 것들을 보고 선택하라고 한다. 상대방의 성품이나 삶을 대하는 태도 같은 것들이다. 그렇게 하려면 그런 것을 볼 수 있는 '안목'이 필요한데, 그게 자신의 성숙도와 비례할 수밖에 없다. 결국 우리는 자신이 볼 수 있는 만큼, 자신 수준 만큼 선택하게 되는 것이다.

예측되는 것들, 예상치 못한 것들

평강공주 콤플렉스라도 있었던 걸까? 너무 잘 갖춰져 있는 사람은 부담스러웠다. 나(행신)는 자존심이 강해서, 상대 집안이 나를 무시하거나 반대하면 도저히 견딜 수 없을 것 같았다. 다행히 시댁은 나를 환영하며 좋아해 주셨다. 반면 남편은, 우리 엄마가 그렇게 반대하는데도 전혀 기분 나빠하지 않고, 딸을 가진 부모 입장에서는 그런 반응이 당연하다며 그 시간을 어렵지 않게 견뎌냈다. 친정아버지가 술 때문에 가족을 힘들게 했는데, 남편은 술을 못 마신다는 점, 목사가 될 사람이니 앞으로도 술을 가까이 할 위험이 없다는 점이 나에게는 장점으로 다가왔다. 게다가 시아버지의 모습도 나에게 적지 않은 영향을 주었다. 처음 인사드리러 갔을 때, 어머니는 앉아 계시고 아버님이 일어나 시중을 드셨다. 앉아서 꿈쩍도 안 하시던 친정아버지만 밑에서 자란 나는 그 모습이 정말 놀라웠다. 밥상 치우는 일부터 설거지에 커피 타는 것까지 아버님이 하셨다. 그 모습을 보고 얼마나 안심이 되었는지 모른다. 남자를 보려면 그 아버지를 보라고 하지 않던가!

반면 어머니는 강해 보이셨다. 그 부분이 살짝 우려가 되긴 했지만 남편만 중심을 잘 잡고 있다면 큰 문제가 되지 않을 거라 생각했다(이것은 다행히 내 추측이 맞았다. 고부간 갈등의 원인은 어머니가 아니라 남편이다). 결혼 전에 아무리 콩깍지가 씌었다 해도 예측되는 것들이 있다. 남편은 가난했고 앞으로도 부유해질 가능성은 낮아 보였지만, 나를 많이 사랑하고 내 편이 되어 줄 사람이라고 생각했다. 올해가 결혼 25년 차인데 그때 내가 느끼고 생각했던 것이 크게 빗나가지 않았다. 경제적인 부분은 여전히 힘들지만 예상했던 것이기에 남편을 원망하지 않는다.

살아가는 데 '재정과 시간을 어떻게 사용하는가?'는 매우 중요한 문제다. 이 점에서 우리 부부는 가치관과 우선순위가 비슷했기 때문에 큰 흔들림 없이 살 수 있었다. 그럼에도 막상 살아 보니 부부의 삶은 그 이상이었다. 인생은 더 많은 세밀한 조각들로 이루어져 있으니까! 그 조각들에서 발생하는 문제들을 조율해 가는 일은 결코 만만치 않다. 우리는 많이 어렸고, 함께 걷는 그 길은 훈련과 연단이 필요하다는 것을 미처 몰랐고 예상하지도 못했다.

20대 중반, 지금 생각하면 한창 어리고 철없던 때였고, 젊음만으로도 아름답던 시절이었다. 다시 돌아가 우리가 아무리 고른다 해도, 완벽한 스물여섯 살짜리 배우자를 만날 수는 없을 것이다. 그 나이에 원숙한 어른을 기대할 수는 없다. 우린 모두 미완성인 상태로 결혼을 한다. 우리가 진정으로 찾아야 할 사람은 완성된 사람이 아니라 나와 함께 걸어갈 사람, 함께 성장하고 배울 수 있는 사람이다.

"너는 누가 가장 마음에 드니?"

결혼에서 나에게 가장 중요한 건 사랑이었다. 다른 사람에게는 갖지 않는 특별한 마음, '사랑'이라는 감정이 없었다면 아무리 다른 것들이 좋아 보여도 결혼까지 생각하지 않았을 것이다. 친정어머니도 초반에는 많이 반대하셨지만 결국 백기를 드셨다. 반대한들 내가 꺾이지 않을 것을 아셨기 때문이다. 우리가 사귀기 전, 친정어머니가 이런 질문을 하신 적이 있다. "만약에 어떤 조건도 따지지 않는다면, 너는 누가 가장 마음에 드니?"

이 질문이 불쑥 들어왔을 때 순간 멍했는데, 그때 나는 "전신근"이라는 이름을 말했다. 나중에 어머니도 이 대화를 기억하셨다. 이전에는 어머니가 싫어하는 상대라면, 호감이 가더라도 마음을 접고 어머니의 의견에 따랐는데, 전신근이라는 남자에 대해서만큼은 달랐다. 사랑하는 사람을 만나면, 굳이 많은 설명을 하지 않아도 서로를 알아보게 된다.

그럴 때는 왜 '떠나라!'는 말씀이 그렇게 와닿는지 모른다. 아브라함에게 주셨던 "너는 너희 고향과 친척과 아버지의 집을 떠나 내가 네게 보여줄 땅으로 가라"(창 12:1)는 말씀이, 마치 주님이 내게 말씀하시는 것처럼 들렸다. 인생에서 중요한 결정을 내릴 때, 우리는 많이 고민하고, 기도하며, 하나님의 인도하심을 구한다. 이 모든 것을 반영하여 결정한다. 그중에서도 결혼은 내가 중요하게 여기는 것들, 즉 내 가치관이 가장 많이 반영된 선택이라 할 수 있다.

드디어 한 배를 타다

2000년 2월 19일, 우리는 드디어 결혼했다. 신혼은 달콤한 시간이기도 하지만 동시에 불안정한 시간이다. 서로 20년 이상 따로 살다가 한집에서 붙어 지내야 하는 새로운 삶을 시작하게 되었다. 그 모든 변화와 부담을 사랑이라는 감정만으로 녹여내기에는, 삶은 생각보다 훨씬 현실적이었다.

두 사람 모두 안정된 직장이 없었기에 걱정이 밀려왔다. 행복하고 좋을수록 불안도 슬그머니 기어들어 왔다. 아무리 봐도 이런 사랑이라는 감정이 영원할 것 같지 않고, 언젠가는 불행이 찾아올 것만 같았다. '지금은 이렇게 좋아해도 서로 미워하게 되면 어떡하지?', '혹시 잘못된 결정을 내린 건 아닐까?' '우리가 너무 성급하게 결혼한 건 아닐까?' '이 사람이 정말 내 짝이 맞긴 한 걸까?'

수많은 생각이 스쳤다. 사랑하는데 왜 이런 불안이 오는 건지 알 수 없었다.

그러던 어느 날, 나는 한 수련회에 참석하게 되었다. 그때 강사님이 이렇게 말씀하셨다. "결혼했으면 같은 배를 탄 겁니다. 그러니 두 사람이 힘을 합쳐 열심히 노를 저어 갈 생각만 하세요!" 순간 꿀밤을 맞은 듯 머리가 반짝하며 이 말이 뇌리에 깊이 박혔다. '지금은 선택을 고민할 때가 아니구나. 내가 선택한 것을 잘 만들어 가는 것이 결혼이구나!'

우리가 어디를 향해 가야 할지가 분명해졌다. 그 한마디가 내 고민이 말끔히 정리해 주었다. 어찌 보면 흔하고 평범한 말이었지만, 그 말은 내 생각에 전환점을 만들어 주었다. 당시 우리는 서로를 향한 열정만 가득했지, '부부'가 어떤 관계인지 잘 몰랐다. 부부란 단지 서로 좋아서 충족되는 관계가 아니라, 하나의 끈으로 묶인 연합된 존재라는 사실이 새로운 개념처럼 다가왔다.

그제야 비로소 결혼은 '언약'이라는 것을 깨달았다. 우리는 사랑했음에도 결혼을 언약이 아닌 계약처럼 여겼던 것이다. 많은 사람이 결혼을 계약 관계로 여긴다. 결혼식장 하객들조차 신랑 신부를 비교하며 누가 결혼을 더 잘했는지 논평한다. "신랑(신부) 인물이 훨씬 낫네!", "신부 집안이 잘산다더라", "신랑이 대단한 집안 출신이라던데!" 이렇게 저울질을 하니, 이익을 많이 본 쪽이 성공한 결혼을 한 것이 된다.

점점 이혼율이 높아지고 있다고 한다. 특히 신혼부부의 이혼 사유를 보면, 그들의 결혼이 얼마나 계약 관계였는지 드러난다. 서로 주판을 튕기며 계산하고 결혼했기 때문에 손익 관계가 틀어지면 계약을 파기해 버린다. 상대방 때문에 경제적인 손해가 발생하거나 집안일을 분배하는 문제가 틀어지거나 약속한 것들이 잘 지켜지지 않으면 결혼을 뒤집을 수 있다고 생각한다. 물론 결혼하면서 100퍼센트 이익만을 기대하지는 않겠지만 적어도 손해는 보지 않겠다는 전제가 깔려 있다. 그것이 자신의 마땅한 권리라고 여긴다.

하지만 결혼은 마음에 드는 물건 고르듯 선택적으로 소비하는 관계가 아니다. 특히 하나님 안에서의 결혼은 세상과는 다른 가치와 의미를 지닌다. 세상은 결혼을 계약이라고 말하겠지만 그리스도인의 결혼은 하나님 앞에서의 언약, 즉 '약속'이다. 이제는 감정과 상황에 따라 흔들리는 것이 아니라, 그 언약이 우리를 붙들고 구속한다. 그래서 결혼한 후에는 선택의 옵션은 사라지고, '결혼을 더 온전하고 아름답게 만들어 가는 것'이 유일한 목표가 된다. 우리를 영원히 사랑하시겠다는 하나님의 언약이 우리를 단단히 붙잡아 주듯이, 결혼의 언약도 우리의 관계를 지켜 준다. 그 언약을 믿는다면 말이다. 성경은 신랑과 신부의 관계를 하나님과 교회의 관계에 비유한다.

> 이러므로 사람이 부모를 떠나 그 아내와 합하여 그 둘이 한 육체가 될지니 이 비밀이 크도다. 나는 그리스도와 교회에 대해 말하노라(엡 5:31-32).

우리가 태어나 성인이 될 때까지는 부모의 보살핌과 보호 아래, 부모에게 의존하며 살아가지만 시간이 지나면 독립을 하게 된다. 내가 태어난 가정은 우리의 선택이 아니지만, 누구를 사랑하고 함께 살지를 결정하는 것은 우리의 자유이자 선택이다. 하나님은 우리에게 사랑을 선택할 수 있는 자유를 주셨다. 하나님의 인도하심과 섭리 가운데 이루어지는 일이지만 이 과정을 강제하지 않으시고 우리를 존중하신다. 하지만 그 선택 속에는 하나님이 기대하시는 뜻이 담겨 있다. 사랑 안에서 두 사람이 하나 됨을 이루고, 사랑을 배우고 실천하며, 더 나아가 그 관계를 통해 교회와 그리스도의 연합을 삶 속에서 드러내기를 원하신다. 두 사람의 사랑의 연합을 통해 하나님 나라가 이 땅 가운데 나타나길 원하신다. 결혼은 두 사람의 만남에서 시작하지만 그 안에는 하나님 나라의 비밀과 우리를 향한 하나님의 계획이 담겨 있다. 우리의 결혼에는 하나님이 함께 계시며, 두 사람의 관계뿐 아니라 하나님과의 관계도 담겨 있다는 사실을 잊지 말아야 한다.

결혼의 큰 그림을 이해하지 못하면 사랑에 대한 신비와 사랑의 감정에 대한 환상이 결혼을 의심하게 만든다. 사랑의 감정이 식거나 무뎌지면, 갑자기 결혼이 무의미하게 느껴질 수 있다. 재미있는 점은 우리가 자녀에 대해서는 이런 생각을 하지 않는다는 것이다. 아이가 아무리 말썽을 피우고 마음에 들지 않더라도, 그것 때문에 아이를 포기하지 않는다. 사랑의 유무도 의심하지 않는다. 내 자녀이기 때문에 어떻게든 더 나은 방향을 찾고, 해결책을 고민한다. 그저 아이 탓만 하며 방관하지 않는다.

신혼 초에 가졌던 고민들이 "우리의 결혼을 어떻게 잘 만들어가야 할까?"로 바뀌었다. 앞서 언급한 강사님의 표현을 빌리자면, "어떻게 하면 둘이 힘을 합쳐 노를 잘 저어, 우리가 탄 배(결혼)가 목적지에 잘 도달하게 할까?"로 말이다. 그렇게 생각이 바뀌자, 해결해야 할 문제가 선명하고 단순해졌다. 결혼은 우리의 사랑이 결실을 맺어 얻은 결과가 아니라, 이제 막 시작된 여정이라는 사실이 분명해졌다.

아베 피에르(Abbe Pierre) 신부님의 책 「단순한 기쁨」(마음산책)에는 이런 대목이 나온다.

> 사람들이 내게 "왜 우리는 이 땅에 태어나는 걸까요?"라고 물으면 나는 그저 이렇게 대답한다. "사랑하는 법을 배우기 위해서이지요."

우리가 연애 초반에 나누었던 내용과 같다. 우리는 사랑을 배우기 위해서 연애를 하고 사랑을 배우기 위해서 결혼을 한다. 그리고 피에르 신부님 말처럼 사랑을 배우기 위해서 이 땅에서 살아가고 있다.

  우리는 많은 고민 끝에 한 배에 함께 타기로 결심했다. 그리고 기꺼이 사랑하는 마음으로 결혼이라는 항해에 함께 나섰다. 하지만 단지 배에 탔다고 해서, 목적지에 저절로 도달하는 것은 아니다. 하나님은 우리에게 자유를 주셨다. 열심히 노를 저어 나아갈지, 아니면 제멋대로 표류하게 내버려 둘지, 또 열심히 노를 젓고는 있지만 서로 다른 방향을 고집하느라 제자리에 맴돌게 될지, 그것은 우리의 선택에 달려 있다.

  2000년 2월 19일, 우리는 한 배에 올라 항해를 시작했다. 이 책은 일종의 우리 부부의 항해 일지이다. 이 안에는 지난 25년간의 긴 여정이 오롯이 담겨 있다.

사랑이 더해지는 나눔

| 부부가 함께 질문에 답해 보면서 이야기를 나누어 보세요.
이 나눔을 통해 서로를 더 깊이 이해하게 될 것입니다. |

1. 삶은 "하나였다가 깨져 버린 우리가, 다시 하나를 이루어 가는 과정"이다. 그래서 우리 안에는 연합과 하나 됨에 대한 욕구가 있다. 이러한 자연적인 본능이 서로를 향한 이끌림으로 나타난 것이다. 이 시간, 서로에게 이렇게 고백해 보자. "당신은 내가 찾던 그 사람이에요."

2. 사랑은 그 사람이 누구인지 알아보는, 대단히 놀라운 시선을 갖는 것이다. 상대방의 원석은 여전히 누더기 같은 옷에 감춰져 있을지도 모른다. 하지만 그 속에 숨겨진 아름다움이 보이는가? 당신의 눈에 비친 그 사람의 아름다움은 어떤 모습인가? 그것에 대해 묘사해 보자.

3. 사랑에 관한 아래의 진술에 대해 어떻게 생각하는가? 상대방에게 자신의 생각을 이야기해 보자.

- 사랑은 배워 가는 것이다.
- 사랑은 자신의 한계를 부수는 과정이다.
- 사랑은 상대방이 내 안에 들어올 수 있는 공간을 내어 주는 것이다.

4. '잠자리'에 대해 말을 꺼내 보자. 배우자와의 잠자리에 얼마나 만족하는가? 몸과 호흡의 하나 됨으로 더 깊이 친밀하게 다가가는 시간인가?

Bonus Chapter 2
〈부부 생활의 지혜 더하기〉

그리스도인의 섹스에 대한 이해

앞에서도 이야기했듯이, 요즘은 '동거'가 자연스러운 일처럼 여겨지는 시대가 되었다. 동거는 섹스까지를 전제로 하는 경우가 대부분이다. 그렇다면, 그리스도인은 어떻게 해야 할까? 정말 이런 흐름에 아무런 문제가 없다고 동의해도 괜찮은 걸까?

청소년들과 자녀들에게 이 문제를 어떻게 가르쳐야 할지 고민이다. 분명한 것은 섹스를 단순히 '서로 원하면 할 수 있는 것'으로 접근해서는 안 된다는 점이다. 섹스를 하고, 서로의 몸이 하나 되는 행위는 서로의 욕구를 해소하고 쾌락을 주고받는 의미만을 갖지 않는다. 하나님이 말씀하는 섹스에는 좀 더 다른 목적, 다른 의미가 담겨 있다. 하나님이 세상을 창조하시고 사람을 만드신 후에 인간에게 자녀를 낳아 이어 가도록 하셨는데, 그 후손이 만들어지는 방식이 부부 간의 섹스를 통한 임신과 출산이다. 엄밀히 말하면 인간의 창조가 아담과 하와 이후, 부부를 통해 지금까지 계속되고 있는 것이다. 즉, 생명은 부부의 섹스를 통해 이어지는 것이다.

그렇다면, 그리스도인이 반드시 알아야 할 섹스의 의미와 목적에 대해 알아 보자.

1. 첫째, 섹스는 하나님의 아이디어다

섹스는 인류의 재생산이라는 맥락에서 도입되었다. 샘 올베리 (Sam Allberry)는 「왜, 하나님은 내가 누구랑 자는지 신경 쓰실까?」 (아바서원)에서 이렇게 말했다.

> 성경이 묘사하는 섹스의 첫째 목적은 출산이다. 이는 자의적인 명령이 아니다. 사람들이 하나님의 형상으로 만들어졌다면 하나님은 그의 형상이 땅을 가득 채우기를 원하신다. 온 세계가 그분이 누군인지를 완전히 반영하게 하기 위해서다. 그분의 형상을 지닌 자들은 그러므로 그분의 형상을 재생산해 그것이 지구촌 전역에 퍼져나가 그들을 통해 하나님의 현존과 자애로운 다스림이 완전히 나타나게 하라는 분부를 받은 것이다. 달리 말하면, 섹스는 하나님의 아이디어지 우리의 것이 아니라는 뜻이다.

이렇듯 섹스는 새로운 생명의 창조를 향하고 있다.

2. 둘째, 섹스는 연합의 목적을 갖는다

부부는 둘이 '한 몸'을 이루어 하나로 연합된다. 샘 올베리는 앞에서 언급한 책에서 또 이렇게 말했다.

하와의 창조 기사에 따르면 하나님이 아담을 깊이 잠들게 하신 후 갈빗대 하나를 취해 그 갈빗대로 하와를 만드신다. 그들이 성적 합일로 하나가 될 때는 그녀의 창조로 분리되었던 몸이 재결합하는 것이다. 그들의 연합은 일종의 재연합인 셈이다.

"우리가 심지어 자의식을 갖기 오래전에, 우리의 성이 성욕을 중심으로 그토록 강하게 맴도는 사춘기에 이르기 오래 전에 우리는 우리 몸의 모든 세포와 정신과 영혼에 섹스를 경험했다고 뼈 아프게 느낀다. 우리는 이 세상에 깨어나서 우리 존재의 모든 세포에, 의식적으로 또 무의식적으로, 우리가 불완전하고 온전치 못하고 외롭고 절단되었고 한때는 전체 중 일부였던 무언가의 작은 조각임을 감지하며 통증을 느낀다"(로널드 롤하이저[Ronald Rolheiser], 「성과 성의 영성」[성바오로출판사]에서 인용했다).

스캇 펙이 말했듯이 우리는 어떤 화합과 일체감을 경험하고 싶어 하는데, 사랑에 빠지는 경험은 그런 도피를 일시적으로나마 가능하게 해준다. 이런 갈망은 육체적 끌림, 섹스에 대한 욕구로 연결되기도 한다. 그러나 신체적인 성적 충족만으로는 완전해지고 싶은 우리의 갈망을 모두 채울 순 없다. 섹스는 온전함을 향한 갈망이 투영된 하나의 그림 같은 것이라고 할 수 있다.

정리하자면, 사랑하는 두 사람이 하나 되고자 하는 갈망, 특히 육체적 결합을 통한 일체감과 연합을 원하는 것은 자연스러운 일이다. 요즘 세상 문화에서는 이 연합이 곧 섹스로 표현되지만(물론 정서적 깊어짐을 포함해서) 성경은 이 연합을 하나님의 관점에서 바라보고, 그 안에 더 깊은 의미를 부여한다.

> 예수께서 대답하여 이르시되 사람을 지으신 이가 본래 그들을 남자와 여자로 지으시고 말씀하시기를 그러므로 사람이 그 부모를 떠나서 아내에게 합하여 그 둘이 한 몸이 될지니라 하신 것을 읽지 못하였느냐 그런즉 이제 둘이 아니요 한 몸이니 그러므로 하나님이 짝지어 주신 것을 사람이 나누지 못할지니라 하시니(마 19:4-6).

3. 부부의 연합은 하나님의 영역이다

물론 결혼한 두 사람이 한 몸을 이룬다고 물리적으로 분리되지 않는다는 의미는 아닐 것이다. 그보다 남자와 여자로 분리되었던 존재가 결혼하여 한 몸으로 결합되었을 때의 그 연합은 우리가 생각하는 것 이상의 하나 됨, 한 몸을 의미한다는 것이다. 마치 우리가 예수님과 분리되어 있다가, 예수님을 인격적으로 영접함으로써 그분이 내 안에 들어와 나와 연합되는 것과 같다. 이 연합은 영적인 연합이다. 결혼의 연합은 육체적인 연합이자 영적인 연합이다. 그래서 세례식과 결혼식은 같은 의미로 연결된다. 우리가 주님을 영접하면, 성령이 우리 안에 거하시고 우리를 끝까지 붙드신다. 하나 된 부부가 서로에게 몸을 내어 준 것처럼 하나님도 우리에게 예수님을 내어 주셨고, 우리가 그 예수님을 받아들였으니 "누가 우리를 그리스도의 사랑에서 끊으리요?"(롬 8:35) 사망이나 생명이나 천사들이나 권세자들이나 현재 일이나 장래 일이나 능력이나 높음이나 깊음이나 다른 어떤 피조물이라도 우리를 그리스도 예수 안에 있는 하나님의 사랑에서 끊을 수 없다(롬 8:38-39).

혼인 서약을 할 때 "신랑(신부)는 오늘 이후로 기쁠 때나 슬플 때나 비가 오나 눈이 오나 검은 머리가 파뿌리될 때까지 서로 아끼고 사랑하겠습니까?"라고 묻는다. 우리가 결혼할 때도 주례 목사님이 이 질문을 하셨다. 요즘 결혼식에서는 듣기 힘든 말이지만 옛날 결혼식에서는 단골 질문이었다. 하나님이 우리를 그분의 사랑에서 끊을 수 없는 것처럼 하나님 앞에서의 결혼 서약은 부부가 서로 끊을 수 없는 사랑을 하겠다고 약속하는 것이다. 그 약속 이후에 "이제 둘이 아니요 한 몸이니 그러므로 하나님이 짝지어 주신 것을 사람이 나누지 못할지니라"(마 19:6)는 선포가 이어진다.

결혼은 이런 사랑의 약속과 헌신을 하나님 앞에서 결단하고 선포하는 거룩한 의식이다. 우리가 해야 할 일은 이것을 지키기 위해 힘써 노력하는 일이다.

3부.
부부가 겪는 감정의 파노라마

"사랑을 하게 되면 우리는 풀을 사랑하게 된다
그리고 헛간도, 가로등도, 밤새 인적 끊긴 작은 중앙로들도"
_로버트 블라이(Robert Bly)

    같이 있는 것만으로도 설레고 기쁘고 충분한 상태가 영원할 수 있다면 얼마나 좋을까? 만약 사랑에 그런 감정들만 존재한다면, 우리 부부의 사랑은 변한 것이다. 같이 있어도 힘들고 피곤하고 무덤덤할 때도 있으니까. 물론 늘 설렘과 흥분으로 서로를 대하지는 않는다. 다만 차이가 있다면 예전에는 감정의 유무로 사랑을 측정했다면, 지금은 그렇지 않다는 것이다.

    25년의 결혼 생활 동안 느꼈던 감정을 다 열거하면, 아마 인간이 가질 수 있는 모든 감정이라고 표현할 수 있을 것이다. 사랑을 색으로 표현한다면 단순히 빨강, 노랑, 파랑이 아니다. 다양한 빛깔과 톤으로 물들어 있다. 또한 우리의 결혼 생활을 그래프로 그린다면, 들쑥날쑥 위아래를 넘나드는 모양이겠지만, 전체적으로 보면 상승 곡선일 것이다. 25년의 시간을 종합해서 "이건 사랑이야!"라고 말하는 것이다. 더할 나위 없이 역동적인 감정의 파노라마, 그 이름은 사랑이다!

사랑이 자라면서 다양한 감정을 낳는다

연애할 때는 마치 세상에 우리 둘만 있는 것 같았다. 학교 도서관에서는 늘 같은 자리에 나란히 앉아 공부했다. 어느 날 둘이 찍은 사진을 어디에다 흘렸는지 잃어버리고 말았다. 그런데 그 사진이 우리가 늘 앉던 자리 책상 위에 올려져 있는 게 아닌가. 자리에는 어떠한 표시도 없었는데 말이다. 가방도 놓기 전에 누군가가 갖다 놓은 것이다. 학교 매점에서도 우리를 알아 보고는 둘 중 한 명이 안 보이면 안부를 묻곤 했다. 우리 연애는 훼방꾼도 많았지만, 그 방해 덕분에 연애의 불은 활활 타올랐다. 사방에 티를 팍팍 내고 다녔으니 말이다.

주변에서는 "연애니까 그렇지, 결혼만 해 봐라!" 하며 엄포를 놓았다. 결혼하고 3년이 지나니 "너희, 아이 낳으면 달라질 걸?" 하면서 아이라는 변수가 부부 관계에 끼치는 영향에 대해 말해주었다. 육아의 허들은 인정한다. 우리도 정말 위기감을 느꼈다. "아이가 하나니까 좀 나은 거지, 둘만 되어도 달라질 걸"이라고 했다. 그러다가 셋이 되고 넷까지 되니 이제는 아무도 그런 말을 하지 않는다. 이제는 자타가 공인하는 금슬 좋은 부부, 잉꼬부부가 되었다.

하지만 아무리 잉꼬부부라도 연애 때와 같을 수는 없다. 아이가 어른이 되어 성장하듯이 우리 사랑도 자랐다. 결혼 25년 동안 서로에게 느꼈던 감정은 간단히 정의할 수 없을 만큼 복잡하고 다양하다. 아무리 그 감정의 색이 어두운 빛깔이라도 결국엔 그것조차 사랑이다. 우리의 지난 시간을 물들였던 그 역동적인 감정의 파노라마를 풀어 가 보려 한다.

에이, 짜증난다고!

육아를 시작하고 하루하루 치이는 생활을 하다 보니 눈에 띄게 짜증이 늘었다. 신혼 초에 둘만 있을 때는 그래도 할 만했다. 컨디션이 안 좋은 날이면 맘껏 게으름을 피워도 괜찮았다. 그런다고 우리 삶에 위기가 올 정도는 아니니까! 그런데 아기가 태어나니, 마냥 게으름을 피우며 살 수 없어졌다. 아이는 세상 무엇보다 소중하고 사랑스러운 존재이자 특별한 선물이지만 한편으로는 매우 귀찮은 존재다. 손이 너무 많이 간다.

왜 짜증이 나는가? 성격 이상자라서 그런 걸까? 아닐 것이다. 보통의 사람이라면 짜증은 거의 몸의 피로와 관련이 있다. 몸이 피곤한데 할 일이 많으면 당연히 짜증이 난다. 육아를 하면서 제때 못 자고 못 먹고 쉬지 못하니 짜증이 날 수밖에 없다. 만약 엄마 대신 아이를 먹이고, 씻기고, 재워 주는 존재가 있다면 육아 때문에 짜증이 날 엄마는 거의 없을 것이다. 아마 도우미를 부른다면 적어도 세 명이상은 필요할 것이다. 현실 불가능하긴 하지만 만약 이렇게 육아를 한다면 얼마나 좋을까? 엄마는 그냥 아이를 이뻐하고 사랑을 주는 일만 하면 되는데!

유튜브에 나오는 아기들을 보면, 아기를 키우는 일은 마냥 미소가 나오고 행복한 일처럼 보인다. 영상 속에서 새근새근 잠자는 아기의 모습, 뒤뚱거리며 걷는 모습, 심지어 "으앙" 하고 우는 모습까지 얼마나 사랑스러운지 모른다. 천사가 따로 없다. 하지만 현실 부모의 삶은 그와 반대다. 육아 전선에 뛰어든 부모는 하루종일 일을 하고 집에 와서도 일을 하는 셈이다. 육아는 그야말로 이미 피곤하고 힘든 육체를 또 움직여야 하는 노동에 불과하다. 물론 그 와중에 방긋 웃는 아기의 미소, 새근새근 잠든 아기의 숨소리, 품 안에 폭 안겨 오는 부드러운 감촉, 꼬물거리는 작은 손과 발, 그 작은 존재가 뿜어 내는 행복 바이러스의 힘은 엄청나다. 그래서 결국 우리는 이 일을 해 내는 것이다.

아이들이 어릴 적에 썼던 나(행신)의 일기 한 토막에는 이런 푸념이 적혀 있다.

추석 연휴가 끝나고 밀려 있는 집안일…….
며칠 여행의 후유증 탓인지 스트레스가 쌓인다.

밀린 빨래를 보니 한숨이 나오는데 세탁기마저 고장이다.
어젯밤 집에 돌아온 남편에게 진탕 퍼부었다. 세탁기 고장에서 시작해, 육아 스트레스에 거의 신세타령까지 갔다.

물론 남편도 연휴 기간 긴 운전에, 명절이 끝나자마자 다시 일을 해야 했으니 마냥 편한 상태는 아니었을 것이다. 이럴 때 같이 짜증을 냈다면 제대로 부부 싸움이 터졌을 텐데 그다음 상황을 보니 남편이 즉각 꼬리를 내렸다.

아침에 일어나 아이 둘은 준비시켜 학교에 보내고 셋째 아이랑 같이 누워 있는데 화장실에서 물 소리가 들렸다. 남편이 팬티 하나만 달랑 걸치고 땀을 뻘뻘 흘리며 밀린 빨래를 하고 있다. 그 모습이 얼마나 웃기던지…….
그렇게 밀린 빨래와 아기 소변으로 얼룩진 이불까지 다 빨아 놓았다. 거기다 모닝 커피에 비스킷까지 갖다 주니 마음이 스르르 녹아 버렸다.

짜증이 올라올 땐 이렇게!

살면서 짜증이 나는 순간은 수도 없이 많지만, 같이 짜증을 낸다면 관계는 악화되기만 한다. 아슬아슬 그 위기를 넘는 법이 있을까? 살다 보면 둘 다 지치고 방전되어 꼼짝도 하기 싫어질 때가 있다. 그럴 땐 어떻게 해야할까?

우리도 결혼하고 4년간 둘만 있었을 때는 짜증이 나는 순간이 많지 않았다. 둘 사이에 문제가 생기면 잠시 정지하고 그 문제를 천천히 다룰 여유가 있었다. 하지만 아이라는 존재가 주는 상황, 당장 해결하지 않으면 문제가 커지는 상황에서는 일단 상황 정리부터 해야 한다. 사람에게 '먹고살아 내는 일'이라는 것이 얼마나 큰 일인지!

그 당시 남편이 얼른 짐을 덜어 주어 큰 싸움이 피했지만, 만약 나 몰라라 했더라면 아마 내 마음이 무척 상했을 것이다. 물론 남편이 처음부터 이랬던 것은 아니다. 그도 해결하는 방법을 조금씩 터득해 나간 것이다.

당연한 이야기지만 여기에도 서로에 대한 배려, 이해하려는 마음이 필요하다. 누구의 책임인가, 누구의 일인가 하는 문제가 아니라 조금이라도 에너지가 있는 사람이 먼저 움직이는 것이 원칙이다. 무엇보다 늘 우리 목표가 무엇인지를 기억해야 한다. 누가 더 힘드냐, 누가 더 잘했느냐를 따져서 승부를 가리려는 것이 목표가 아니다. 어떻게 하면 두 사람이 잘 살아갈 수 있을까, 무엇이 서로에게 도움이 되고 유익이 될까를 생각하며 함께 나아지는 것이 목표다. 그렇지 않다면 싸움으로 귀결되기 쉽다.

과부하가 걸린 것 같다면, 상대방에게 숨통을 틀 기회를 주도록 노력해 보자. 산책, 혼자만의 시간, 휴식, 낮잠 등으로 말이다. 힘든 것도 순번을 정하되, 절대 한 사람에게만 몰리게 해서는 안 된다!

호감에서 비호감으로

"당신은 내 인생의 로또야! 어쩜 이렇게 하나도 안 맞냐?" 이제는 하도 많이 들어 상투적인 이 농담에는 배우자에 대한 불만이 가득하다. 배우자는 내 마음을 몰라 주고, 하는 짓이 이상하고, 도무지 이해할 수 없는 존재라는 것이다.

어릴 적 (행신의) 엄마도 늘 아버지에 대한 불만을 입에 달고 사셨다. 미련하다, 이기적이다, 대화가 안 통한다, 술만 먹는다, 성격이 이상하다, 더 나아가 '쥐꼬리만 한 월급'이라는 표현까지 나오면 그야말로 팽팽한 긴장감이 집 안을 휩쓸었다. 아버지도 마찬가지였다. 두 분이 외출만 하면 거의 싸우고 오셨다. (분명 기분 좋게 오신 적도 있을 것이다. 인간의 기억이란 왜 안 좋은 것들만 크게 저장되는지!) 아빠는 엄마의 언어 사용에 불만이 많으셨다. 밖에서 엄마가 쓸데없는 말을 많이 한다고 타박하셨다.

당연한 이야기지만 함께 살다 보면 불만이 생긴다. 특히 예의를 갖추어 격식을 차리는 관계가 아니라서 더 그렇다. 남들에게는 보이지 않던 모습도 부부가 되어 살다 보면 드러나게 마련이다. 처음 만났을 때 애정 어린 눈으로 바라보고 호감을 느꼈던 상대가 점점 비호감으로 변해 간다. 인간은 주관적인 존재인지라 호감을 가진 상대에게 우호적이 된다. 그런데 언제 호감이 비호감으로 바뀌게 될까?

아무리 잉꼬부부라도, 각각의 개인으로 보면 특별할 것이 없어 보인다. 남자와 여자를 따로 놓고 보면 큰 매력이 있거나 두드러지게 훌륭한 성품이 아닌데도 두 사람의 눈에서는 꿀이 떨어진다. 왜 그럴까?

톨스토이의 소설 「안나 카레니나」에서 주인공 안나는 역으로 마중 나온 남편을 보고 '왜 저이의 귀는 저렇게 생겼을까?'라고 생각한다. 여행 중에 만난 브론스키에게 빠져 버린 감정이, 엉뚱하게도 남편에 대한 불만으로 튀어나온 것이다. 상대방이 사랑스럽고 예쁘게 보이던 나의 시선이 어느 순간 불만이나 못마땅함으로 바뀔 때는 상대방이 변해서가 아니다. 상대의 약점과 흠을 덮고 있던 사랑의 시선이, 불만의 시선으로 바뀐 것이고 그 이유는 대개 나에게 있다. 안나는 남편 대신 다른 남자에게 사랑의 시선이 옮겨 갔다.

꼭 다른 이성 때문이 아니라도 배우자의 자리에 다른 것들이 비집고 들어올 때 상대방을 바라보는 마음이 달라진다. 어떤 사람에게는 그것이 일이나 취미, 자녀 교육, 심지어 신앙생활일 수도 있다. 그것 때문에 배우자가 안중에 없어진다면 문제가 생기기 시작한다. 부부 사이의 문제는 어느 날 갑자기 생기는 게 아니다. 서서히 문제가 자라 기회가 생길 때 터지는 것이다.

남편이 변했어요!

우리는 아이가 넷인데, 둘째까지는 남편보다 내가 집안일을 훨씬 많이 했다. 남편은 전임 사역자였고, 아이들은 모두 영유아기였다. 둘째가 어린이집에 가면서 여유가 생기나 했는데, 셋째가 생겼다. 딸 하나에 아들 하나로 마무리되는 줄 알았는데 셋째라니! 정말 당황스러웠다. 또 다시 임신과 출산, 육아를 반복해야 한다는 사실이 엄두가 안 났다.

그런데 남편은 그런 내 모습에 충격을 받았다고 한다. 평소 밝고 긍정적이던 사람이 급격히 다운되어 축 늘어진 모습을 보고 놀랐고, '생명'이라는 선물을 기쁨으로 받아들이지 못하는 모습이 걱정스러웠다고 한다. 그러면서 그간 자신이 뭘 잘못한 건 아닐까, 자신을 돌아보았다고 한다. 그때까지 남편은 내가 임신과 출산, 육아를 그렇게 힘들어하는 줄 몰랐다.

그때 남편의 행동을 아직도 잊을 수 없다. 장난꾸러기 같던 남편이 갑자기 진지해지더니 갑자기 내 앞에서 털썩 무릎을 꿇는 게 아닌가? "내가 잘못했어. 앞으로 최선을 다할 테니 우리 아이를 기쁘게 받아들이자!"

그의 행동에 나도 놀랐다. 그 이후 남편은 진심을 다해 틈틈이 집안일을 했다. 평일에는 점심 시간마다 집으로 달려와 설거지와 청소를 해 놓고 갔다. 입덧에다 어린 두 남매 육아에 힘들긴 했지만 남편의 도움이 위로가 되었다. 그런데 지금 생각하면 셋째에게 괜히 미안해진다. 딱 며칠 간이었지만 임신 소식에 마음껏 기뻐하지 못했던 것이 아직도 마음에 걸린다. 그나마 다행인 건, 그 기간이 길지 않았다는 점! 남편의 변화가 아기에 대한 나의 마음을 빨리 바꿔 주었다.

게리 토마스(Gary Thomas)는 「부부학교」(CUP)라는 책에서 멜로디 로드 박사의 '기능성 고착'이라는 정신신경학적 용어를 소개한다. 아내들이 우스갯소리로 남편들은 "귀가 잘 안 들려!"라고 말하는데, 이것은 아내가 아무리 말을 해도 남편은 못 들은 것처럼 행동하기 때문이다. 물어 보니, 진짜 한 귀로 듣고 다른 귀로 흘러나가 버린다고 한다.

남자들은 특별한 계기나 자극이 없으면 익숙한 상태에서 바꾸려 하지 않는다. 그들에게는 한두 마디 말로 전달되는 '타인의 고통'이 변화의 동기로 작용하지 않는다. 정말 변하려면 '자기의 고통'이 있어야 한다는 것이다. 마치 행신의 남편이 변한 것처럼 말이다. 처음에는 수없이 많은 아내의 호소(타인의 고통)를 들으면서도 변화의 동기를 찾지 못하다가 셋째를 임신하고 보인 아내의 모습에 충격(본인의 고통)을 받은 것이다. 그리고 이 상태로 두면 부부의 일상에 문제가 생길지도 모른다는 우려(자신이 겪게 될 고통)가 생기고 나서야 행동에 변화가 생긴 것이다.

그전까지는 아내가 힘들다고 말은 했지만 그 말이 자신의 삶에 큰 영향을 끼치지 않았고 별 문제를 느끼지 못했으니 괜찮았던 것이다. 가장 황당할 때는 그렇게 많이 언급했는데도 듣는 둥 마는 둥 하다가 어느 날 갑자기 남편이 "왜 그동안 말을 안 했어?"라고 물을 때다. 이럴 땐 내 의사 전달 방법에 문제가 있는 건 아닌지 의심이 든다. 좀 더 세게, 충격 요법을 써야 하는 건 아닌지 고민이다.

하긴 대부분의 사람에게 그런 면이 있다. 다이어트를 결심하지만 심각한 건강 문제가 있거나 충격을 세게 받아야 시동이 걸린다. 운동을 시작하는 지점도 그렇다. 절대 못 끊을 것 같던 술과 담배도 안 끊으면 죽는다는 진단을 받으면 끊어진다고 한다. 내내 놀다가 발등에 불이 떨어져야 하는 움직이는 심리, 벼락치기 전문이 바로 우리다.

기능성 고착, 어쩌면 이건 우리 모두에게 있는 고질병인지도 모른다. 미리 알아서 고칠 수 있는 방법은 없을까? 그런 지혜가 있다면 정말 좋겠다(이 내용은 남편이 좀 억울할지도 모르겠다. 예전에 비해 많이 나아졌다. 훈련하면 다 된다!).

미움과 원망과 분노가!

아이들이 어렸을 때 찍어 둔 동영상에는 울고 웃고 화내고 싸우는 모습이 담겨 있다. 오빠랑 놀던 막내가 "너 미워!" 하면서 마구 화내는 모습을 지켜 보며 모두 까르르 웃었다. 별것 아닌 일에 화내고 우는 모습조차 귀엽다. 지금 보면 뭐 때문에 그렇게 성이 났는지 모르겠지만, 오빠는 동생에게 맞으면서도 웃고 있다. 약이 올라 쫓아오는 동생에게 적당히 맞아 주며 도망치면서도 얼굴에는 장난기가 가득하다. 물론 언제 그랬냐는 듯이 금방 풀고 헤헤 웃고 있는 모습이 이어진다.

아이들이 감정을 분출할 때는 즉각적이고 원초적이라 표현이 과격해 보여도 뒤끝이 없다. 그렇게 울고불고해도 금새 잊어버린다. 그런데 어른들은 아니다. 해소되지 않는 미움과 원망이 쌓여 일을 크게 만든다. 어른들이 애들처럼 "너 미워!" 하고 싸울 수는 없겠지만, 나의 감정을 솔직하게 표현하고 어떻게든 해소하고 비우는 훈련이 필요하다.

배우자가 싫어하는 것을 피하자!

거의 10여 년이 지난 일이지만, 내가 남편에게 두고두고 서운해하는 일이 있다. 그런데 아직도 남편이 이 일의 심각성을 알고 있는지는 잘 모르겠다.

　남편이 장난 치는 것을 좋아하고 아이처럼 즐거워하는 것은 장점이지만 가끔 밖에서도 그러면 정말 곤란하다. 특히 아내를 상대로 말이다. 한번은 예배 시간에 "해 뜨는 데부터 해 지는 데까지"라는 찬양을 부르고 있었다. 남편이 찬양 인도를 하다 다 같이 일어나 율동을 하자고 외쳤다. 여기까지는 괜찮았는데, 흥이 났는지 맨 뒤에서 아이 손을 잡고 서 있는 나를 앞으로 나오라고 하는 게 아닌가! 그러고는 나에게 율동을 시켰다. 정말 최악의 순간이었다. 속에서는 부글부글 끓어오르는데 일단 멀리서 남편을 향해 머리를 도리도리 흔들며 사양을 했다. 웃으며 손사래 치는 내 모습을 보고 남편이 그만두길 바랐다. 그러나 이미 흥이 잔뜩 오른 남편은(설마 저게 성령 충만일까? 그 옛날 다윗이 춤추었다는!) 눈치도 없이 나보고 계속 나오라는 하는 것이 아닌가. 그 순간 정말 당장 문밖으로 나가 버리고 싶었지만, 성도가 다 보는 곳에서 그건 예의가 아니라고 생각해 마지못해 앞으로 나갔다. 율동을 하는 둥 마는 둥 시늉만 하고 들어왔다. 창피하고 화가 나고 그 시간이 빨리 지나가기만을 바랐다. '오늘 가만히 있나 봐라!' 속으로는 단단히 벼르면서. 그렇게 속으로 삭히고 있었는데 집사님 한 분이 "아이고, 오늘 집에 들어가서 두 분이 푸닥거리하시게 생겼네요!" 하시며 "목사님이 짓궂으시다"고 덧붙이셨다. 남들 보기에도 화날 만한 상황이 맞다는 사실에 더 민망했다.

그날 집으로 돌아와 남편에게 따졌다. 그런데 놀랍게도 남편은 내가 화난 이유를 이해하지 못했다. 그리고 나서 그와 비슷한 일을 몇 번 되풀이하면서 알았다. '남편은 진짜 모르는구나!'

나는 무대가 불편한 사람이다. 더구나 사람들 앞에서 노래나 율동을 하라고 하면 정말 최악이라고 느낀다. 그런데 남편은 무대에 서는 게 즐거운 사람이다. 그러니 내가 화난 것을 이해하지 못하고 공감하지 못하는 것이다. 남편이 자주 하는 또 다른 장난이 있는데, 주로 엘리베이터 안에서 일어난다. 보통 사람들이 엘리베이터를 타면 어색하니까 시선을 다른 데로 두고 조용히 내릴 때만 기다린다. 그 어색한 침묵 속에서 남편은 장난을 친다. 난데없이 "사랑해!"라고 했다가 "뭐라고? 사랑한다고?"라고 한다. 그 좁은 엘리베이터 안에서 피할 길 없이 봉변을 당하는 나, 사람들은 재밌다고 웃지만 나는 참 괴롭다.

본인이 즐거워서 그런지 남편은 내가 괴로워한다는 것을 모른다. 알겠다고 고개를 끄덕여도, 다음에 또 하는 걸 보면 정말 모르는 게 맞는 것 같다. 그제야 깨달았다. 내가 싫다고 해서 상대방도 싫어하라는 법은 없고, 내가 좋다고 해서 상대방도 좋으라는 법도 없다는 것을. 두 사람이 같이 좋아하고 같이 싫어하게 만들 수는 없는 것 같다.

대신 내가 얼마나 불편하고 싫은지 정확히 말하고, 그러니까 하지 말라고 표현하는 것이 낫다. 우리가 아무리 친하고 공유하는 것이 많아도 똑같이 느끼고 같은 감정을 가질 수는 없다. 나의 불편함을 상대방이 잘 모르는 것 같을 때는 속상하지만, 어쩔 수 없다. 하지만 정말 싫은 것은 표현하라(결혼 25년 차, 이제야 남편이 조금 아는 것 같다. 내가 눈치를 주면 하지 않으려고 노력한다).

당신 정말 실망이야!

나(행신)는 물건에 대한 애착도 별로 없고 맛집을 찾아 다니는 것에도 크게 재미를 못 느낀다. 옷도 구제옷이나 가끔 동생이 주는 옷을 입는데, 그것만으로도 충분하다고 생각한다. 심지어 좋아하는 책마저도 중고로 사거나 도서관을 애용하는 편이다. 그런데 내가 사는 데 관심을 갖는 것이 하나 있다. 바로 '예쁜 잔'이다. 가끔 예쁜 잔들이 눈에 보이면 기억해 두었다가 사고 싶어 할 때가 있다. 커피나 차를 좋아해서 같은 차라도 잔에 따라 기분이 달라지고 좋아하는 잔에 담긴 커피 한 모금은 정말 힐링이 된다.

차 한잔 들고 책을 읽거나 글을 쓰면 세상 부러울 것이 없는 나인데 예쁜 잔들은 비싸니 많이 살 수도 없다. 그래서 마음에 드는 잔을 찾기 위해 가끔씩 중고 거래를 한다. 그렇게 모은 것이 프로방스 꽃 찻잔 두 세트, 한국도자기 한 세트, 나만의 벨라세라 머그

잔 하나다. 한 개당 오천 원도 안 되는 헐값에 구입했지만 나에게는 값 이상으로 힐링을 주는 소중한 아이템이다.

그런데 어느날 "쨍그랑" 소리가 나더니, 남편이 그 소중한 것을 깨 버렸다. 혹시나 깨질까 봐 내가 아끼는 잔들은 일부러 따로 설거지를 하고 보관했다. 그런데 손님이 오고 간 날 잘 씻어 수납장에 넣어 둔다는 걸 깜박한 것이다. 그동안 그렇게 조심했건만 잠시 방심한 사이에 생강차를 마신다던 남편이 사고를 친 것이다.

깨진 조각을 아쉬움 때문에 한참을 못 치웠다. 그간 남편이 깨뜨린 나의 소중한 머그잔과 커피잔들이 주마등처럼 머릿속을 스쳐 갔다. 분명 의도적으로 그런 건 아닐 텐데, 이상하게도 내가 가장 아끼는 물건들은 남편 손에만 가면 다 박살이 난다. 남편이 참 얄미웠다. 가장 아까웠던 건 고흐의 아몬드 나무 머그컵이다. 지금 생각해도 아깝지만 이미 깨진 걸 어쩌겠는가!

완벽하지 않아도 고마움을 전하기

주로 나는 요리를 하고 남편은 설거지를 한다. 지금 이 글을 쓰는 동안에도 남편은 저녁 설거지를 하고 있는 중이다. 남편이 설거지를 한다는 것은 참 고맙지만, 문제는 자주 뭘 깬다는 것이다. 내가 아끼는 컵들이 깨지거나 이가 나간 접시를 볼 때면 속상하다. 게다가 설거지 뒤처리도 허술하다. 왜 가스레인지와 싱크대 주변은 닦지 않는지, 꼭 내 손이 한 번씩 더 가게 만든다.

그리고 내가 남편에게 자주 요청하는 것이 있다. 바로 환기다. "화장실 환기를 안 하면 곰팡이가 생겨. 샤워 후에는 꼭 문 좀 열어 둬!" 지금 사는 집에는 화장실이 두 개다. 위층 화장실은 창문이 있는데 아래층 화장실은 창문이 열리지 않게끔 되어 있다. 그래서 아래층 화장실에서 씻으면 꼭 문을 열어 두라고 하는데, 이게 어려운가 보다. 열 번 중 다섯 번 이상은 내가 열곤 한다.

이런 자잘한 실망들, 불편함들이 부지기수다. 하지만 나도 만만치 않다. "화장실 불 좀 꺼. 당신 자꾸 불 켜고 나오더라." 이건 남편이 나에게 하는 잔소리다. 왜 자꾸 나는 불을 켜 두고 나오는가? 그리고 나는 문도 잘 안 닫는다. 환기시킬 때만 안 닫는게 아니라 창문, 방문, 현관문 등등 닫는 걸 자주 잊는다. 나는 꼬리가 긴 여자다. 남편은 닫아서 문제, 나는 열어서 문제다.

자꾸 의식하니 나아지긴 했지만 그래도 완전히 고쳐지지는 않는다. 한 번 크게 잘못을 저지르는 게 나을까? 아니면 매일 찔끔찔끔 작은 잘못을 하는 게 나을까? 생각해 보자. 한 번에 큰 선물을 받는 게 좋을가? 매일 작은 선물을 받는 게 좋을까? 문제의 강도를 따지는 것이 아니라 감정에 관한 거라면 "작아도 매일매일"이 더 강력한 법이다. 뭐든 매일 하는 꾸준함이 무서운 것이다.

그래서 터무니없이 작은 문제라도 매일매일 받는 불쾌함이 부부 사이를 더 멀어지게 할 수도 있다. 치약 짜는 문제가 이혼 사유가 된다고? 그럴 리가 있나 싶지만, 충분히 가능한 일이다. 치약 자체의 문제가 아니라, 그걸 보며 올라오는 짜증의 횟수, 그로 인해 생기는 분노가 누적되면서 영향을 주는 것이다. 부부 문제를 듣다 보면 별일 아닌 일로 화를 낸다고 생각되지만 이런 작은 일들이 반복되면 감정의 골이 깊어지는 것이다.

이미 습관화된 것들은 쉽게 고쳐지지 않는다. 일상은 훈련이 필요하다. 쌓아온 시간 이상으로 많은 노력이 필요하다. 게다가 '변화'는 순전히 각자의 몫이다. 본인의 자각으로 노력하고 훈련해야만 변화가 일어난다. 내 입장에서 할 수 있는 것은 "당신은 그렇구나! 어쩔 수 없지!" 하며 상대방을 그대로 수용하고 적응하는 일이다.

설거지할 때 남편이 아주 깔끔하게 뒷정리까지 하면 좋겠지만, 그렇지 않더라도 괜찮다고 생각하기로 했다. 왜냐하면 설거지 전체를 혼자 하는 것보다는 뒷처리만 하는 게 나도 훨씬 편하기 때문이다. 쓰레기를 잘 버리는 남편이 간혹 필요한 물건도 버리지만 그래도 집 안에 쓰레기가 쌓여 있는 것보다는 낫다. 이렇게 생각했더니 훨씬 편해졌다. 가족이 같이 살아간다는 건 이런 것이다. 얼마큼 제대로 했느냐를 따지기 시작하면 결국 내가 다 하게 된다. 그러면 나만 손해다.

남편은 아이들이 어릴 때부터 대청소를 꾸준히 시켰다. 처음에는 쓰레기도 질질 흘리고 엉성해서 이게 청소한 게 맞나 싶을 정도였다. 그런데 아이들도 반복해서 하다 보니 이제는 제법 정리를 잘하게 되었다.

나 같았으면 답답해서 내가 하고 말텐데 남편은 그렇지 않았다. 잘하는 것이 중요한 게 아니라 함께하면서 훈련을 해야 한다. 이런 면은 나보다 남편이 훨씬 낫다. 사람마다 일하는 방식이 다르니 적절히 타협할 필요가 있다. 남편은 일을 몰아서 한다. 설거지와 청소도 한꺼번에 해치우지만, 나는 조금씩 자주 한다. 굳이 한 가지 방식으로 통일할 필요는 없다. 완벽하지 않아도 함께할 수 있음을 칭찬하고, 서로에게 고마운 마음을 잃지 않으려 한다. 그러니 목표를 '배우자를 변화시키는 것'에 두지 말자. '우리 삶이 나아지고 좋아지는 것'에 두자. 자꾸 상대방에게 집중하면 이것저것 고치고 변화되어야 할 것들만 보인다. 대신 '우리 삶이 더 나아가고 있는가, 우리 관계가 더 좋아지고 있는가?'에 목표를 둔다면, 좀 더 다르게 보인다.

플라토닉? 에로스?

20대 때 나의 친구들에게는 은밀한 고민이 있었으니 그것은 바로 스킨십의 문제였다. 이성 친구를 사귈 때 스킨십이 도대체 어느 선까지 가능한가, 그것이 문제였다. 사귀면서 점점 깊어지는 스킨십, 피 끓는 청춘이라서 그랬던 걸까? 이런 주제를 다룬 책도 꽤 있었는데, 손잡는 것 이상은 안 된다는 보수적인 조언부터 좀 더 깊은 선까지 괜찮다는 조언까지 다양했다. 그때는 아무래도 잠자리는 결혼 후에 해야 한다는 것을 전제했기에 스킨십에 대한 궁금증이 더 많았다. 그래서인지 결혼은 그 금기가 해제되고 마음껏 서로의 몸을 향유할 수 있는 자유를 주었다. 그런데 통계적으로 보면, 결혼 후 섹스리스가 되는 부부가 많다. 결혼 전에는 서로의 몸에 매력을 느끼고 어떻게든 육체적인 접촉을 원했던 두 사람이, 결혼 후에는 점점 소원해진다. 왜 그럴까? 왜 결혼을 하면 서로를 향한 성적 매력이 사라지는 걸까?

심리학 및 성학(Sexology)에서는 사람들이 성적 매력을 느끼는 방식을 세 가지로 분류한다. 그 세 가지는 데미섹슈얼(Demisexual), 올로섹슈얼(Allosexual), 하이퍼섹슈얼(Hypersexual)이다. 간단히 설명하면, 데미섹슈얼은 '감정적 유대'가 있어야 성적 매력을 느끼는 사람, 올로섹슈얼은 특별한 조건 없이, '감정적 유대' 없이도 성적 매력을 느끼는 사람, 하이퍼섹슈얼은 성적 욕구나 성적 활동의 빈도가 높은 사람을 말한다.

결혼 전 서로를 향한 강한 성적 욕구와 끌림을 경험했다고 해서, 결혼 후에도 그만큼 섹스가 지속되는 것은 아니다. 특히 데미섹슈얼처럼 감정적 유대가 충분히 전제되어야 육체적 관계로 발전하는 경우(여성이 좀 더 이에 해당된다) 육아나 집안일, 직장 생활로 몸과 마음이 피곤해지면 배우자와의 성생활도 소원해진다. 부부 사이도 한몫한다. 사이가 좋지 않으면 육체적인 관계를 맺기가 쉽지 않다. 게리 토마스의 「단단한 결혼」(CUP)에서는 성욕을 자생적 욕구와 반응적 욕구로 구분하기도 한다. 자생적 욕구는 큰 자극 없이도 발동되는 성욕이라고 말한다. 이런 사람은 성적으로 쉽게 흥분하기 때문에 배우자의 몸이 살짝 보이거나 신체적 접촉이 있으면 바로 시동이 걸린다. 배우자만 승낙하면 언제든 섹스를 할 수 있는 경우가 이에 해당한다.

반면, 반응적 욕구는 먼저 성적 자극이 있어야만 발동하는 성욕이다. 이런 사람은 막상 섹스가 시작되기 전까지는 대개 섹스를 원하지 않는다고 한다. 뇌의 작동 방식이 자기가 바라는 모종의 애무가 선행되어야 비로소 섹스에 마음이 끌리게 되어 있다.

부부 사이의 섹스는 얼마나 중요한가?

섹스 없이도 부부 사이가 좋을 수 있을까? 건강상의 이유나 특별한 사정이 없는 한 섹스 없이 부부 사이가 좋기는 어렵다. 섹스리스 자체가 문제라기보다 섹스리스가 된 이유가 문제이다. 여기에는 부부 사이에 소통이 원활하지 않다든지 뭔가 거리낌을 느끼는 요소가 있다.

건강한 부부라면 정서적, 육체적, 영적으로 더욱 가까워지고 성장하는 것이 자연스럽다. 하지만 섹스가 어려운 상황이 있다.

여성의 경우 출산 후 육아로 인해 육체적으로 소진되면 섹스할 에너지가 없다. 수유를 하고 나면 곯아떨어지는 게 당연하다. 아기가 깨어 울기라도 하면 수면 부족까지 겹쳐 성욕을 거의 느끼지 못한다.

남성도 마찬가지다. 온종일 과중한 업무에 시달리다 보면 섹스는커녕 쉴 시간도 부족하다. 이처럼 다양한 이유와 환경으로 부부간의 섹스가 소원해진다.

문제는 한쪽은 원하는데 다른 쪽은 원하지 않을 때다. 이럴 땐 욕구불만이 생긴다. 하지만 이런 상황에서 "아내는 자기 몸을 주장하지 못하고 오직 그 남편이 하며 남편도 그와 같이 자기 몸을 주장하지 못하고 오직 그 아내가 하나니"(고전 7:4)라는 말씀으로 "한쪽 배우자가 원할 때는 하기 싫어도 해야 한다"고 말하는 것은 무리이다. 원하는 마음과 원하지 않는 마음 둘 다 존중하고 조율해야 한다.

만약 아내가 육아나 가사, 직장 일로 너무 힘들어 보인다면 거기에 쏟아붓는 에너지를 덜어 주는 것도 방법이다. 아이들이 한창 어렸을 때 우리 부부는 이 방법을 썼다. 오늘 밤은 함께 시간을 보냈으면 좋겠는데 내(신근)가 무엇을 해야 아내에게 에너지가 있을까 나름 고민을 많이 했다. 그래서 서둘러 청소나 육아 등 아내가 많이 하는 일을 대신하기도 했다. 아내 역시 너무 힘든 날이 아니라면 내 요청에 반응하도록 신경을 썼다.

부부가 자신의 욕구와 욕망을 일방적으로 주장하지 않는 것은 단순히 섹스에만 해당하지 않는다. 부부 사이에는 각기 원하는 바와 다른 욕망이 있다. 그걸 상대방에게 어떤 식으로 요구하고 어떻게 같이 풀어나가느냐의 조율이 부부의 삶 전체에 영향을 끼친다.

또한 육체적 친밀감은 섹스만으로 표현되는 것은 아니다. 잘 때만 접촉하고 평소에는 전혀 스킨십이 없거나 애정 표현이 없다면 이 또한 문제다. 이런 경우라면 섹스 횟수만으로 두 사람이 좋은 관계라고 하기는 힘들다. 섹스에는 육체적 욕망을 표현하고 해소하는 역할도 있지만 근본적으로는 서로를 향한 애정 표시, 우리가 친밀하고 깊이 연결된다는 의미가 있다. 관계는 고정되어 있지 않다. 감정만큼이나 수시로 변한다. 그래서 날마다 점검과 노력이 필요하다. 스킨십과 섹스는 친밀한 부부 관계를 위한 윤활유, 즉 바로미터라고 할 수 있다.

나는 당신의 몸을 원해요

나(신근)는 아내의 몸이 좋다. 외출할 때 차려 입은 모습도 보기 좋지만 잠자리에서 마주하는 아내의 몸 그 자체가 좋다. 이 시간이면 우리는 인간의 태고적 모습 앞에 서게 된다. 그 사람의 성취, 재산, 교육과는 아무 상관이 없다. 남녀는 서로의 몸에 이끌려 서서히 그 즐거움에 취하고 차츰 고조되고 흥분되어 최상의 지점을 찍고 가라앉는다. 우리는 같이 호흡한다. 호흡이 낮아지고 길어지는 때가 있고 거칠어져 터져 나올 때가 있다. 하나님이 인간의 몸을 얼마나 신기하게 만드셨는지, 커졌다 작아졌다 한다. 나는 아내를 보고 아내는 나를 본다. 그런데 이렇게 벌거벗은 상태가 부끄럽지 않다.

나는 결혼식날 밤에 첫 섹스를 했다. 아내도 그랬다. 우리는 둘 다 첫 경험이라 밤새 몇 시간이나 서로를 탐구했지만 퍼즐을 잘 맞추지 못했다. 하지만 이게 무슨 상관이겠는가? 사랑하는 이의 몸이 나와 함께 누워 있고 서로의 가장 예민한 부분이 닿았다는 것만으로도 충분했다. 아니, 제정신이 아닐 정도로 좋았다.

우리가 그동안 몇 번의 섹스를 했을까? 한 달에 평균 열 번은 한다. 아내의 생리 기간 일주일은 쉬니까, 일 년에 120회이고 25년을 같이 살았으니 대략 3,000회라는 계산이 나온다. 그중 아주 건강한 전신근이라는 씨앗이 힘차게 나아가 제행신의 자궁에 닿았고 아들 둘과 딸 둘이 창조되었다. 이건 정말이지 경이롭고 신비한 일이다. 우리를 닮은 네 명의 아이는 기도와 금식으로 태어난 것이 아니고, 성령으로 난 것도 아니다. 오직 엄마와 아빠가 서로의 몸을 원하는 흥분 상태에서 태어났다. 출산은 이렇듯 몸의 쾌락에서 시작되어 몸이 찢어지는 고통을 지나가야 하는 과정인 것이다.

나는 아내의 몸을 원한다. 그래서 잠자리를 준비한다. 아내가 네 아이 양육과 글쓰기로 지치지 않도록, 특히 저녁 시간이면 내가 집안일을 한다. 그녀의 몸도 섹스를 위한 에너지가 필요함을 잘 알기 때문이다. 캔들 워머를 켜 두고 향기와 조명에 취하게 할 때도 있다. 책상에 오래 앉아 있는 아내의 어깨를 풀어 주려고 마사지를 해주기도 한다. 늦은 밤 은은한 조명 아래의 부부의 건강 마사지가 점차 애로 버전으로 바뀌는 건 자연스러운 일이다.

가끔 우리도 사이가 좋지 않을 때가 있다. 서로에게 마음이 상해 토라지고 말하고 싶지 않을 때가 있다. 그런데 그런 감정이 하루를 넘어가는 경우는 거의 없다. 아내는 나를 위로하는 방법을 잘 알고 나도 그렇다. 우리는 어쨌든 함께 누워 어색해지고 싶지는 않다. 오늘 일을 풀어야 한다는 마음으로 누군가는 먼저 상대를 향해 눕는다. 화해하자는 신호인 셈이다. 그대의 손길이 나를 쓰다듬어 지나가고 나의 언어가 따뜻해지기 시작한다. 지난 3,000회의 섹스가 우리 몸에 길을 닦아 두었는지 어느새 거친 호흡으로 하나가 되어 동시에 절정에 오르면 우리는 이미 하나가 되어 있다.

내가 아내와 좋은 관계를 유지할 수 있었던 힘은 여기에 있다. 나는 아내의 몸이 좋다. 때로는 뜨겁지 않아도 되고 아무 일이 일어나지 않아도 된다. 그저 사랑하는 이를 안으며, 숨소리를 듣고 살냄새를 맡고, 한두 마디 편안한 말을 건네는 것으로도 충분하다. 부부의 섹스는 쾌락이자 평화이며, 하루를 마감하는 안식이자 위로이다. 몸이 움직이고, 마음이 따라왔다. 그렇게 우리는 지난 25년간 함께 잠들었다.

나에게 관심 없는 당신

아이가 생기니 정신과 몸이 모두 아이에게 매이게 되었다. 남편과의 관계도 변했다. 남편은 이에 동의하지 않지만 나는 그랬다. 나의 사랑과 에너지가 셋으로 나뉘는 것 같았다. 아이를 낳기 전까지 우리는 서로에게만 몰입된 하나였다. 사랑에는 배타적인 면이 있다. 외부와의 관계를 단절하고 서로만을 독점하는 시간이다. 보통 연애 초기에 그러다가 약해지는데 우리는 그 기간이 긴 편이었다. 연애와 결혼을 포함하여 6년 여의 시간을 그렇게 보냈다. 그런 우리에게 아이라는 큰 변화가 생긴 것이다.

관계의 조정이 시작되었다. 물론 이 변화를 기꺼이 받아들였고 나는 잘 해낼 줄 알았다. 첫 유산 후에 찾아온 아이라 더욱 귀했고 평소에 아이들을 좋아했고 더구나 내가 낳은 아이인데 못할 이유가 없어 보였다. 그런데 엄마가 된다는 것이 그렇게 쉬운 일이 아니었다. 고작 3킬로그램짜리 아기 앞에서 쩔쩔 맸다. 안 쓰던 팔을 쓰려니 육체적으로도 힘들었지만 생명 자체가 주는 무게가 나를 압도했다. 사랑스러웠지만 두려웠고 감당하기에 벅찼다.

나는 산후우울증 같은 건 생기지 않을 줄 알았다. 하지만 아이를 낳고 매일 제대로 씻지도, 먹지도 못하니 점점 생기를 잃어 갔다. 아기가 예민해서 출산 후 4개월 동안은 교회에도 가지 못했다. 어느 날 아침에 눈을 떴는데 갑자기 하루의 시작이 공포스럽다는 생각이 들었다. 아기를 하루종일 돌봐야 할 생각을 하니 까마득하게 느껴지고 자신이 없었다. 아침에 일어나면 덜컥 겁부터 났다. 이게 '산후우울증이라는 건가?' 뭔가 잘못된 것 같았다. 어떻게 사랑하는 남편과 아기가 있는데 이토록 우울한지, 왜 나는 이토록 힘든지 몹시 당황스러웠다. 남편과의 관계도 흔들리는 것 같고 아이를 돌보는 일에 점점 자신 없어졌다.

심지어 남편은 이런 내 사정을 이해하지도 못하고 무관심한 것 같았다. '내가 예배도 못 드리고 두문불출하고 있는데, 어떻게 아무것도 안 할 수가 있지?' 남편이 원망스러웠다. 그때 남편은 전도사였다. 교회가 너무 먼데다 온종일 교회에 있어야 하는데 아기가 워낙 예민하고 낯을 가리니까 나름 나를 배려한 거였다고 했다. 내가 아기와 집에 있는 것이 더 편할 거라 생각한 모양인데 내 입장에서는 그렇지 않았다. 영적으로 나는 몹시 고갈되어 있었다. 도저히 안 되겠다 싶어서 아기를 친정엄마에게 맡기고 집과 가까운 교회로 달려가 주일 오후 예배를 드렸다. 그리고 남편에게 말했다. "힘들더라도 아기와 함께 나갈 거야!"

사람이 밥만 먹고 살 수는 없다는 것을 살면서 몇 번 경험했다. 그런 영적인 필요들을 내가 의도적으로 피하던 시기도 있었고 환경적으로 어쩔 수 없이 생기는 결핍도 있었다. 출산 후 느낀 영적 고갈은 내 선택이 아니어서 그랬는지 더욱 힘들게 느껴졌다.

물론 육아가 힘든 탓도 있었다. 그래서 더욱 갈급했고 영적인 공급이 필요했다. 총체적인 피폐함이 찾아왔고, 남편과의 관계에도 위기가 왔다. 내게 문제가 생기면 나를 둘러싼 관계에도 문제가 생긴다. 그것이 곧 우리의 문제였다.

일단 차가 없어서 친정엄마에게 차를 빌렸다. 그리고 아기와 함께 교회에 나가서 예배를 드리기 시작했다. 아기가 예민한 편이라 힘들긴 했지만 그제야 살 것 같았다. 처음 엄마가 되고 서툰 육아를 시작하니 아기도 나도 고생해 가며 배우게 되었다. 둘째부터는 요령이 생기고 덜 피곤했던 걸 보면, 나의 처절한 육아 전투는 첫 아이의 예민함 탓만은 아니었다.

육아를 시작하면서 내가 영적인 자립이 되지 않았다는 사실도 알게 되었다. 어떤 상황이든 상관없이 하나님과 관계를 맺고 그분으로부터 영적인 공급을 가질 수만 있다면 좀 더 나았을지도 모른다. 영적인 훈련이 사적인 일상 속에서 이루어지지 않았던 것이다. 혼자서 하나님 앞에 나아가 주님과 만나는 시간이 제대로 훈련되지 못해서였다. 그러니 내 시간을 내 의지대로 자유롭게 쓸 수 없게 되자 상황에 주도권을 빼앗겨 버리고 휩쓸려 간 것이다.

그 후로는 조금씩 혼자 말씀을 읽고 기도하는 훈련을 하기 시작했다. 아이 때문에 예배의 자리에 나가지 못하고 집중할 수 없는 환경을 겪으면서 그 필요성이 더 절실해졌다.

진짜 관심이란?

상대방의 진짜 필요와 결핍을 아는 것이 중요하다. 사랑해도 서로에 관해 무지하면 그 필요를 모를 수도 있다. 서로의 필요와 결핍을 알아채고 적절하게 채워 주기 위해 상대방에게 관심을 갖고 소통하며 노력해야 한다.

첫 아이를 낳고 나의 결핍에 무지했던 남편은, 두고두고 곤욕(?)을 치른다. "내가 정말 몰랐어. 미안해!"라고 여러 번 사과했다. 남편들에게 팁을 준다면 아내의 임신, 출산, 육아 기간에 나 몰라라 했다가는 평생 욕을 얻어 먹을지도 모르니, 특히 그 시기에는 잘해야 한다는 것이다. 육아의 시기는 되돌릴 수 없으니 만회할 기회도 없다. 다행히 우리는 아이를 넷이나 낳은 덕에 남편도 육아를 배울 기회가 충분했다. 아이의 탄생과 육아는 남편이나 나나 처음 경험하는 일이다. 둘 다 서툰 부모로서의 시작이다. 생명을 돌본다는 일이 얼마나 중요한 일인가. 그건 배우고 훈련해야 하는 일이다. 엄마는 임신부터 출산까지 몸으로 직접 부딪힐 수밖에 없지만 아빠는 지켜 보는 위치라 그런지 익숙해지는 데 시간이 걸린다. 그런데 아이들이 영유아기를 벗어나고 커 가면서 아빠의 육아 영역은 더 커진다. 몸으로 하는 활동에는 아빠가 더 강하다. 엄마인 나만 육아가 힘든 줄 알았는데, 갈수록 남편의 짐도 만만치 않다는 것을 알게 되었다.

남편이라고 삶이 마냥 편했던 것은 아니다. 육체 노동으로 힘겨운 시간을 보낼 때는 많이 안쓰러웠다. 그에게는 가정에 대한 책임감과 무게, 그의 영역에서 내가 모르는 고민과 힘겨움이 있었을 것이다. 그런데도 남편은 불평하지 않고, 당연하게 생각한다. 그간 나에게 화났던 일들이 분명 있었을 텐데 물어보면 언제나 이렇게 말한다. "나는 당신한테 서운하거나 화난 적 없어!" 미워한 적조차 없단다. 나는 하나하나 모두 기억하는데 남편은 그것을 담아 두지 않는다니! 이건 내가 졌다!

밥 먹는 모습도 보기 싫어!

"남편 얼굴에 있는 점이 갑자기 왜 그렇게 크게 보이지?"
"밥 먹을 때 왜 이렇게 소리를 내면서 먹어?"
"너무 살이 찌는거 같아. 관리 좀 해야 하는거 아니야?"
"옷을 왜 저렇게 입고 있지?"

이렇게 갑자기 배우자의 외모, 말투, 옷입는 것, 사소한 버릇이나 습관이 못마땅하게 느껴질 때가 있다.

나(행신)는 뜨거운 음식이나 매운 음식을 먹을 때 콧물이 흐른다. 옆에 휴지를 가져다 놓고 닦아 가며 먹다가 문득 어렸을 적 기억이 떠올랐다.

식구들이 같이 밥을 먹고 있었다. 그때 갑자기 아빠가 엄마에게 말씀하셨다.

"에잇! 더럽게 콧물을 줄줄 흘리고 먹나?"

그제야 나는 훌쩍거리며 국물을 마시는 엄마의 모습이 보였다. 이유는 알 수 없지만 뭐라 표현하기 힘든 감정에 마음이 불편했다. 당연히 엄마가 더럽다거나 보기 싫어서가 아니었다. 아빠가 그렇게 말하기 전에는 엄마가 콧물을 흘리는 것을 의식하지 못했다. 그게 정말 그렇게 화낼 문제인지 이해되지 않았다. 신기한 것은 그 후부터 내 눈에도 엄마의 콧물이 보이기 시작했다는 것이다. 아직도 그 장면이 기억나는 걸 보면, 내게는 꽤 깊이 각인된 순간이었나 보다.

그 장면이 떠올라, 언젠가 나도 밥을 먹다 말고 남편에게 물어본 적이 있다. "여보야!(우린 서로 이렇게 부른다), 나 이렇게 콧물 흘리니까 더럽거나 불쾌하지 않아?" 그 말을 들은 남편이 이렇게 말했다. "응? 전혀! 나는 아무렇지도 않은데. 사실 콧물 흘리는지도 모르고 있었는 걸?" 이 말을 듣고 남편에게 무척 고마웠다. 만약 우리 아빠처럼 콧물을 흘린다고 구박을 했더라면, 얼마나 무안했을까?

어떤 분이 선을 보러 나갔다가 상대 여자 얼굴에 큰 점이 있는 것을 보고 중매쟁이에게 불만을 토로했다고 한다. 그 말을 듣고 중매쟁이가 상대 부모에게 따졌다. "아니, 딸 얼굴에 그렇게 큰 점이 있는데 왜 미리 말을 안 해 주셨나요?" 그랬더니 여자의 아버지가 몹시 놀란 표정으로 이렇게 말했다고 한다. "그게 그렇게 큰 문제였습니까? 죄송하지만 제 눈에는 딸 얼굴의 점이 크게 안 보였어요. 정말 몰랐습니다."

이 이야기는 오래전 내가 학교 다닐 때 선생님이 들려주신 이야기다. 선생님이 중매를 섰다가 일어난 일이었다고 한다. 선생님은 자기 자식이라 그런 흠을 보지 못한다며 혀를 차셨지만, 나는 다르게 생각했다. '사랑은 흠이 보이지 않는구나!' 사랑하는 이가 약점이나 단점이 없어서가 아니라, 그것이 크게 보이지 않고, 그리 거슬리지 않는 것이다.

미움을 사랑으로 바꾸는 방법

사랑이 식으면 상대방의 흠이 보이기 시작한다. 유통 기한이 다한 호르몬 탓인지는 모르겠다. 하지만 사랑은 흠을 지적하지 않는다. 상대방의 허물을 덮어 주는 것이 사랑이다. 그럼에도 어느 정도 객관적인 시선은 필요하다. 사랑에 눈이 멀어 보지 못하는 것과, 보이지만 사랑으로 덮어 주는 것은 다르다. 작은 문제라면 트집을 잡기보다는 너그럽게 이해하고 지혜롭게 조언해 주는 것이 필요하다. 그럼에도 사랑의 마음이 크면, 작고 사소한 것들은 크게 문제되지 않는다. 상대방은 그대로인데 내 기분과 상태에 따라 괜찮을 수도, 아닐 수도 있지 않을까? 우리가 아이들을 혼낼 때도 사실 아이가 저지른 잘못의 크기보다는 내 기분에 따라 달라지기도 하니 말이다.

한국 사회에서 이혼은 더 이상 드문 현상이 아니다. 이혼의 주된 이유를 꼽으라면 성격 차이, 경제적 문제, 배우자의 외도, 가정 폭력 등이 있다. 이유 없이 자신을 못마땅해 하고 사사건건 트집을 잡는 상대방이 이해할 수 없다던 사람이 얼마 후 배우자가 외도를 하고 있었다는 사실을 알고 큰 충격을 받았다. 배우자에 대한 불만으로 외도를 했든 바람을 피우니까 배우자에게 불만이 생겼든 외도는 배우자를 향한 사랑의 시선을 거두게 한다. 우리 눈은 주관적이다. 내가 좋아하면 좋게 보이고 싫어하면 나쁘게 보인다.

오늘 처음 만난 사람도 아닌데 갑자기 상대방이 미워 보이고 못마땅하다면 그건 상대의 문제보다는 내 마음의 문제일 가능성이 크다. 배우자에 대한 불만이 싹트고 내 마음이 변해 간다면, 일단 내 마음부터 점검해 보아야 한다. 불륜을 저지르고 "이제야 진짜 사랑을 찾았다"고 말하며, 이전 배우자와의 관계는 사랑이 아니었다는 식으로 말하는 것은 비겁한 변명이다. 기억하라. 지금의 배우자는 내가 사랑해서 선택하고 결혼한 사람이다. 배우자를 사랑하지 않았던 것이 아니라 내 마음이 변한 것이고 내가 믿음을 저버린 것이다.

배우자가 예전만큼 사랑스럽지 않고 자꾸 흠이 보이기 시작한다면 다시 사랑을 만들어 가라. 사랑의 시선은 노력도 필요하다.

감정은 수시로 변한다. 하지만 사랑하고자 하는 마음, 배우자와의 사랑을 소중히 여기려는 마음은 끝까지 지켜야 한다. 자녀가 아무리 미운 짓을 해도 자녀를 향한 사랑에는 포기가 없는 것처럼 부부도 마찬가지다. 내 아이에 대한 사랑을 의심하지 않듯이 배우자에 대한 사랑이 굳건하다면 우리 눈길은 언제든지 다시 사랑으로 바뀔 수 있다.

내가 아까워도 한참 아깝지!

"남편은 성격도 그렇고 별로고, 뭔가 많이 부족해 보여."
"아내는 너무 소극적이고 답답해. 저 성격에 뭘 할 수 있을지 모르겠어. 그렇다고 아이들을 잘 돌보는 것도 아니고 집도 엉망이고, 나가서 일을 하는 것도 아닌데 말이야."
"솔직히 남편보다 내가 훨씬 아깝지. 결혼만 안 했으면 나도 사회에서 잘 나갔을텐데. 남편이랑 아이 때문에 내가 능력대로 살 수 없어."

많은 부부가 자신에 비해 상대방이 부족하다고 생각한다. 직접적으로 표현하지 않더라도 내심 '내가 더 좋은 배우자를 만났더라면 훨씬 잘됐을 텐데' 혹은 '지금보다는 더 잘살고 있을 텐데'라며 배우자 탓을 한다. 자신이 배우자보다 우월하다고 생각하는 것이다. 이것은 주변의 평가도 한몫한다. "저 사람은 배우자가 앞길을 막고 있네." "신랑(신부)이 너무 아깝네." 두 사람이 모든 면에서 같을 수는 없다. 외모든, 경제력이든, 능력이든, 성격이든, 혹은 신앙이든, 건강 상태까지도 기울기가 각각이다. 중요한 건 두 사람이 서로를 선택해 결혼하기로 결정하고, 부부가 되었다는 사실이다.

나도 힘들 때, 특히 남편이 무작정 사역을 그만두고 대책 없이 지낼 때는(결혼 25년 동안 여러 번 그랬다), 상황은 이해가 되면서도 화가 나기도 했다. 한번은 서울에서 사역하던 교회를 그만두고 몇 달을 쉬고 있던 때였다. '오늘은 어느 교회에 가서 예배를 드릴까?' 사역지를 그만두면 주일마다 고민이다. 그날도 주일이라 아는 목사님 교회를 찾아갔다. 예배가 시작되기 전 잠시 기도하는 시간이었는데 그때 하나님에게 투덜거리며 이렇게 기도했다. "하나님, 정말 저 사람 너무한 거 아니에요? 도대체 왜 이렇게 대책없이 그만두는 걸까요?" 기도 후에 나도 모르게 남편 뒤통수를 흘겨보았다. 그런데 그때 하나님이 남편을 귀하게 여기신다는 생각이 들었다. 아니, 난데없이 그런 마음이 불쑥 파고 들어왔다. 내 뜻과는 다른 이런 엉뚱한 생각은 나에게서 나오는 게 아니다. 가끔 성질이 날 때, 내 본성과 다르게 선하고 착한 마음이 튀어나오기도 하는데, 이런 마음은 하나님이 주시는 것 같다.

남편과 나 사이에는 우리 둘만 있는 게 아니었다. 하나님도 함께 계셨다. 위기와 갈등의 순간에 하나님의 존재를 의식하는 것만으로도 그분이 붙들어 주신다는 걸 느낀다.

하나님의 개입

나와 비슷한 경험을 했다는 분들의 이야기를 몇 번 들었다. "아내를 무시하지 말라"고 호통치시는 음성이나, "사역이 아니라 아내를 돌보라"는 음성을 들어 정신이 번쩍 들었다는 남편들의 고백도 종종 들린다. 하나님은 부부 사이를 내버려 두지 않으신다. 개입하시고 말씀하신다. 마음을 열고 하나님의 음성을 듣는다면 그분의 마음을 알 수 있다. 하나님은 언제나 부부가 서로 사랑하고 이해하며 용납하라고 말씀하신다.

어떤 아내는 남편의 치명적인 잘못을 알게 되어 충격을 받았다. 누가 봐도 남편의 잘못이 분명했지만, 남편은 용서를 구하며 기회를 기다렸다. 두 사람 모두 그리스도인이었고, 아내 분은 내게 하나님이 남편을 사랑하고 귀하게 여기신다는 마음, 포기하지 않으신다는 마음이 느껴졌다고 고백했다. 하지만 아내는 받아들일 수 없었고, 결국 그 둘은 헤어졌다. 하나님이 부부를 향해 가지신 뜻은, 서로 끝까지 사랑하라는 것이다. 다만 억지로 강요하지는 않으신다. 이해하고 용서하는 마음은 우리의 선택이다.

사랑의 몫은 서로 챙기자

아이가 태어나면 부부는 서로에게 찬밥 신세가 된다. 자신을 우선으로 생각하던 배우자가 달라진다. 보통은 남편들이 그런 섭섭함을 많이 느낀다고 한다. 아무래도 아이를 더 챙기고 돌보는 쪽이 엄마라서 그렇다. 시댁 부모님은 그 시대 어른치고는 꽤 사이가 좋고 잘 지내시는 편이다. 그런데도 어머니는 남편보다 아들을 우선적으로 챙기신다. 예를 들어, 아버님 몫으로 들어오는 좋은 선물이 있으면 당연하다는 듯 아들에게 넘기신다. 아들이 먼저이고 아버지는 뒤로 밀려난다. 아버지의 권위가 드높았던 친정은 부모님이 사이는 좋지 않으셨지만 아버지의 몫은 늘 구별되었다. 아버지의 밥상은 뭔가 특별했다. 애정은 있지만 우선시되지 않는 것과 중요한 위치로서 대접은 해주지만 애정을 담지 않는 것, 둘 다 바람직하지 않아 보인다.

요즘 부부들은 아이 중심으로 되어 가는 것 같다. 일단 아이들부터 챙긴다. 나도 가끔 먹는 걸로 남편에게 은근히 눈치를 줄 때가 있다. 음식이 모자라면 요리를 더 해야 하니 순전히 나의 편의를 위해서다. 음식 분배를 신경 쓰다가 더 먹지 말라고 해놓고는 '아차' 싶을 때가 있다. 물론 내 자신에게는 더 신경을 쓰지 않는다. 식사 준비로 이것저것 챙기다 뒤늦게 식탁에 앉아 보면 빈 그

릇만 남아 있을 땐 조금 섭섭하다. 식구들이 엄마 몫은 안 챙겨도 되는 게 당연한 줄 아는 것 같다. 물론 내가 자초한 일이긴 하지만 그래도 서로의 몫을 지켜 주는 것을 배워야 하지 않나 싶다. 딸 바보 아빠가 집에 와서 딸만 쳐다보고 예뻐할 때 아내는 당연히 소외감을 느낀다. 아이의 필요에는 민감한데 배우자의 필요에는 신경을 안 쓰다 보면 점점 부부 사이는 소원해진다. 서운함은 의외로 아주 사소하고 일상적인 것들에서 비롯된다.

나(행신)는 매년 생일이나 크리스마스때 가족들에게 카드를 쓴다. 어느 해인가 한번은 아이 생일날 카드 쓰는 것을 잊어버렸다. 물론 파티 준비를 안 한 건 아니다. 음식과 케이크, 선물도 준비했다. 카드 생각이 나긴 했지만 바빠서 그냥 넘어갔다. 그런데 나중에 아이가 그걸 기억하고 말하는 게 아닌가. 동생 생일날이었는데 엄마가 자기 생일에는 카드를 안 줬다는 것이다. 세상에! 카드를 주어도 대충 읽고 내려놓아서 그렇게 중요하게 생각했는지 몰랐다. 사소한 것이라도 자기 것이 누락되었다는 게 섭섭했던 모양이다.

그나마 아이들에게는 골고루 사랑과 관심이 가도록 신경 쓰지만 부부는 서로 '괜찮겠지' 싶은 마음에 무심해질 수 있다. 그깟 과일 한 쪽, 카드 한 장, 간식 하나, 이런 것이 뭐가 그리 중요하냐 싶지만 이런 것들이 쌓여 오해를 만든다. 아이들도 엄마랑 아빠가 서로를 귀하게 여기며 사랑하는 모습을 훨씬 좋아한다. 부모가 아이에게 줄 수 있는 최고의 선물은 '부부간의 사랑'이다. 부부의 사랑은 일상의 작은 행동으로 나타난다. 아이들은 모든 걸 알고 보고 느낀다. 이런 부부의 사랑의 정서가 아이들에게 안정감을 준다.

내 배우자를 다른 사람의 눈에도 귀하게!

내 배우자가 가족 안에서 충분히 중요한 자리, 사랑의 자리에 있는가? 내 배우자가 소중한 자리에 있는가?

부부가 서로를 소중히 대할 때 자녀들도 부모를 함부로 대하지 않는다. 가족뿐 아니라 주변 사람들 또한 그렇게 대한다. 얼마 전에 어떤 모임에 갔는데 거기에 눈에 띄는 부부가 있었다. 결혼한 지 꽤 오래된 걸로 알고 있는데 부부 사이가 정말 좋아 보였다. 사랑이 가득한 두 사람의 모습을 보니 '참, 아름답다!'는 말이 절로 나왔다. 사랑과 미움은 숨길 수 없다는 말이 정말 맞는가 보다. 두 분이 말로 "사랑한다"는 고백을 하거나 서로의 애정을 직접적으로 드러내는 대화를 한 것도 아닌데도 단지 서로를 대하는 태도만으로도 사랑이 느껴졌다.

특히 남편이 말하고 있을 때 옆에서 남편을 바라보는 아내의 눈빛에서 마치 '나는 당신이 하는 말을 모두 귀담아 듣고 있어요!'라는 마음이 느껴졌다. 누군가 나를 그렇게 쳐다본다면 무척 행복해질 것이다. 두 사람 모두 매력적으로 보였고 호감이 갔다. 만약 그들을 각각 만났다면 그렇게까지 좋은 인상을 받았을까? 사랑하는 부부, 서로를 소중히 대하는 부부는 둘이 있을 때 더욱 빛난다.

이건 당신 잘못이야!

가끔씩 배우자가 못마땅할 때가 있다. 왜 이것도 못 해 주지? 왜 이것밖에 안 하지? 한번 불만이 생기면 나만 손해 보는 것만 같고 나만 고생하는 것 같은 마음이 든다. 그러면 점점 피해의식이 생기고 불평하게 된다.

관계의 문제는 "나는 옳은데 너는 틀렸기 때문이다"에서 시작된다. 이 모든 것이 "너 때문"이라는 거다. 친정엄마랑 통화를 하면 매번 같은 말을 하신다. 엄마와 함께 사는 싱글인 동생들에 대한 엄마의 불평은 벌써 20년째 한결같다. "청소를 하지 않는다", "아침을 해 놓아도 먹지 않는다", "결혼할 생각이 없다" 등등 같은 말을 수년 째 듣고 있으려니 나도 지겹다. 뭐가 문제일까? 엄마더러 잔소리를 그만 하시라고 하면 늘 같은 대답이 돌아온다. "걔네들이 잘하면 내가 왜 잔소리를 하겠니?" 잔소리를 하고 싶어서 하시는 게 아니라는 거다. 즉, 원인은 상대방에게 있다는 것이다. 이것이 잔소리가 계속 될 수밖에 없는 이유다.

수십 년째 습관이 되어 버린 삶이 하루아침에 바뀔 수는 없다.

아침을 잘 안 먹던 사람이 잔소리를 듣는다고 먹게 되는 것도 아니고, 정리 정돈을 못 하던 사람이 누구의 말 때문에 갑자기 깔끔해지는 것도 아니다. 한집에서 더 많은 영역을 공유하는 부부는 오죽할까? 게다가 그 공간에 아이라도 끼어들게 되면 얼마나 잔소리 유발거리가 많아지겠는가.

우리는 도토리 키재기

배우자에 대한 불평과 불만이 사라질 수 있을까? 불만은 자꾸 표현할수록 반복적인 잔소리, 불평이 된다. 마치 상대방의 단점이 그 사람의 전부인 것 같다. 아이들은 그런 말들을 오래 기억한다. "우리 아빠는 술을 너무 많이 마셔", "아빠는 우리를 힘들게 해", "엄마는 음식을 못 해." 생각해 보면 내가 부모님에게 갖고 있는 인상과 평가는 부모님이 서로에게 했던 말들에서 만들어졌다. 만약 배우자가 서로에게 칭찬과 격려의 말을 한다면 자녀들 역시 부모에 대한 이미지가 긍정적일 것이다. 서로 배우자를 존중하고 칭찬하면 다른 이들은 물론이고 자녀들에게 좋은 영향을 끼친다.

어떤 분은 남편이 자기랑 많은 대화를 안 한다고 불만이라고 하셨다. 자상하고 말도 잘 통했으면 좋겠는데 답답하다고 하셨다. 하지만 그분은 말보다는 행동으로 표현하는 편이었다. 열심히 밖에서 일하고 집에 와서는 집안일도 많이 하신다. 아이들도 자상하게 돌보고 무엇보다 아내가 하고자 하는 일에 반대하지 않으신다. 대화가 잘 통하고 말을 잘하면 좋긴 하다. 그렇다고 모든 면에서 다 좋은 건 아니다. 나는 종종 남편에게 "여보는 입으로만 다 하는 것 같아!"라고 말하며 말로 떼우는 것에 대해 뭐라고 할 때가 있다. 말을 똑소리 나게 잘하고 상대방을 잘 설득할 수 있는 건 장점이다. 하지만 말로 모든 걸 해결할 수는 없다. 실질적이고 현실적인 해결은 또 다른 문제다.

상대방의 단점만 보게 되는 건 익숙한 장점들은 당연하게 여기기 때문일지도 모른다. 종종 〈이혼 숙려 캠프〉(JTBC)라는 프로그램을 시청하는데, 그 프로그램은 이혼 직전의 심각한 부부들의 모습을 보여 준다. 몇 쌍의 부부가 같이 나와서 그들의 평소 생활을 녹화하고, 상담자와 대화하는 장면을 찍는다. 그 영상을 다른 부부들과 함께 지켜 본다. 재미있는 것은 다른 부부의 심각한 문제를 바라보는 그들의 모습이다. 많은 부분에서 공감하기도 하지만 다른 부부의 문제가 너무 심각하다 싶으면 '아, 우린 저 정도는 아니야!', '저건 너무하잖아!' 하는 듯한 표정을 짓는다. '저런 배우자보다는 내 남편(아내)이 낫네' 하며 안도하는 표정도 보인다.

배우자의 문제에만 집중하다 보면 그가 갖고 있는 장점, 잘하고 있는 부분에 대해서는 보지 못한다. 물론 각자에게는 고쳐야 할 문제점, 노력해야 할 것들이 있다. 무조건 좋게 보자는 말은 아니다. 남에게는 후하지만 내 가족, 내 배우자에게는 칭찬과 격려가 인색해지기 쉽다. 결혼 전에 아무리 콩깍지가 씌었다 해도 상대방의 단점을 아예 몰랐던 것은 아니다. 단지 그때는 그것이 큰 문제가 되지 않았을 뿐이다.

이럴 땐 어떻게 해야 할까? 조금 웃긴 말처럼 들리지만 나는 가끔 '내 아들이 나같은 배우자를 만난다면 어떨까?' 상상해 본다. 내가 남편의 아내로서는 '이 정도면 괜찮은 거 아닌가, 나 정도면 좋은 아내(남편)야'라고 여기다가도 갑자기 생각이 바뀐다. 우리 아들이 나와 똑같은 아내를 만난다고 생각하면, 문제가 달라진다. 뭔가 부족하다. 심지어 나같은 배우자를 만나면 안 될 것 같다는 생각도 든다. 어떤 아내가 딸에게만 꿀 떨어지는 남편에게 이렇게 말했다고 한다. "당신이 이렇게 사랑하고 예뻐하는 딸이 나중에 커서 당신 같은 남편을 만나면 어떨 것 같아? 당신이 나한테 하는 것처럼 사위가 우리 딸에게 똑같이 한다고 생각해 봐!" 그랬더니 남편이 막 화를 내더란다. 자기가 봐도 좋은 배우자는 아니라는 생각이 들었던가 보다. 귀하게 키운 내 아이가 결혼을 해서 육아와 집안일, 혹은 직장 상사에게 시달리는 모습을 상상해 본다. 생각만 해도 마음이 쓰리다.

우리 남편이 한창 밖에서 노동을 할 때 힘들겠다는 생각을 하긴 했지만, 가족을 위해 그렇게 일하는 게 당연하다고 여겼다.

그러던 어느 날 문득, 우리 아들이 커서 밖에서 힘든 노동을 한다고 상상하니 마음이 달라졌다. 아들이었다면 혹시라도 위험한 일은 아닌지 몸이 많이 상하는 건 아닌지 걱정되고 마음이 많이 아팠겠다는 생각이 들었다. 남편을 걱정할 때와는 마음이 달랐다. 그날 집에 돌아온 남편에게 유독 다정하게 굴고 챙겨 주었던 기억이 난다.

인생이란 참 고달프다. 삶을 살아 내야 하고 내게 속한 이들을 책임지고 돌봐야 한다. 힘들고 지칠 때가 있다. 어떨 땐 버텨 내는 것이 사명 같기도 하다. 그럴 때 우리에게 필요한 건 서로를 향한 연민, 긍휼, 애틋한 마음이다. 철없을 때는 '연민'은 사랑이 아니라고 생각했다. 누군가가 나에게 연민을 느끼는 건 자존심이 상하는 일, 그건 마치 높은 사람이 자기보다 못한 사람에게 느끼는 감정이라고 생각했다. 하지만 지금은 아니다. 연민과 안쓰러움에서 사랑을 발견한다. 연민은 우리를 너그럽게 만든다. 서로를 더 이해하고 감싸 주게 된다. "당신은 왜 이렇게 했어? 왜 그것밖에 못해?"가 아니라 그가 한 수고와 노력을 보게 된다. 그리고 토닥토닥 위로하고 응원하게 된다.

긴 상을 같이 드는 사이

부부는 짐을 같이 지고 가는 사이다. 부부를 상상하면 쌍두마차가 떠오른다. 두 마리의 말이 하나의 마차를 끌고 가는 모습이다. 결혼 생활은 한 마차에 짐을 싣고 가는 두 사람의 여정이다. 그러다가 아이라도 생기면 마차에 실은 짐이 더욱 무거워진다. 어린 말들을 보살피며 가야 하기 때문이다. 마차를 끌고 가는 일이 힘겨워도 두 사람의 마음이 잘 맞고 충분히 훈련되어 있다면 한결 쉽게 달릴 수 있다. 때로는 힘겹게, 때로는 즐겁게 마차를 끌고 가다 보면 어느새 한 팀이 되어 가고 있다. 우리 집도 어린 망아지 네 마리를 태우고 둘이 마차를 몰아 여기까지 왔다. 그 세월 동안 끙끙거리며 두 사람이 말을 몰아 운전하는 법을 배웠다. 때론 속도를 내고 때론 멈춰 쉬기도 하며 달려오는 동안 작은 망아지 같던 아이들이 점점 자랐다. 이제는 제법 큰 말이 되어 우리와 같이 마차를 끈다. 짐이 아니라, 도움이 될 만큼 든든해졌다.

함민복 시인은 〈부부〉라는 시에서 부부를 긴 상을 함께 드는 사이라고 표현했다.

긴 상이 있다.

한 아름에 잡히지 않아 같이 들어야 한다.

좁은 문이 나타나면
한 사람은 등을 앞으로 하고 걸어야 한다.

뒤로 걷는 사람은 앞으로 걷는 사람을 읽으며
걸음을 옮겨야 한다.

잠시 허리를 펴거나 굽힐 때
서로 높이를 조절해야 한다.
다 온 것 같다고 먼저 탕하고
상을 내려놓아서도 안 된다.

걸음의 속도도 맞추어야 한다.
한 발 또 한 발

25년의 시간 동안 우리 부부도 그렇게 '긴 상'을 함께 들고 걸어왔다. 누군가는 뒷걸음치며 상을 들기도 한다. 상대의 상태에 따라 속도를 조절해 가며 같이 올리고, 같이 내린다. 모든 걸 같이 겪고 같이 걸어온 것 같지만 가만히 들여다보니 때론 누군가가 더 무거운 짐을 지기도 했다. 내가 더 힘겨울 때가 있었고 남편이 더 많은 걸 감당하기도 했다. 부부는 이렇게 더 지고 덜 지고 하면서 한 가정을 끌고 간다. 거기에 조무래기 손들(우리는 넷)까지 보태져 가족이 늘어났다. 서로의 얼굴에 나타난 표정을 읽으며 오늘도 우리의 상을 한 걸음씩 옮긴다.

그런데 상을 마주들고 걷기를 포기하고 싶어질 때가 있다. 결혼 생활에 위기가 찾아올 때이다.

1,000쌍의 부부를 만났다는 어느 이혼 변호사는 결혼 생활에서 이혼의 위험성이 높아지는 특정 시기가 있다고 말한다. 첫 번째

시기는 신혼 초다. 아무리 연애를 오래 해도 서로에 대해 모르는 부분이 있다. 그러다 결혼 후 서로 다름을 발견하면서 충격을 겪게 된다. 또한 원가족에게서 독립하는 과정에서 문제가 발생하기도 한다. 시댁과 친정, 각자 자라 온 환경과 가족 관계가 둘 사이에 영향을 끼친다. 이때 시댁과 며느리와의 갈등은 남편이, 친정과 남편과의 갈등은 아내가 해결해야 하는데 이것이 잘 되지 않으면, 문제가 발생하고 갈등이 심해진다. 더구나 결혼 초반에는 아이도 없고 재산 분할 문제도 비교적 간단하니 이혼을 결정하기가 쉬워진다고 한다. 신혼부부의 이혼율이 높아지는 이유이다.

두 번째 시기는 결혼 후 5년 차일 때다. 출산과 육아가 한창인 시기이다. 아이를 돌보는 일은 체력적으로나 정신적으로 힘든 일이다. 몸이 힘들고 예민해지다 보니 다툼이 많아지고 관계가 힘들어진다. 서로에 대해 원망이 생기고 불만이 커지는 시기이다. 실제로 이때 이혼율이 높아진다고 한다. 아이가 생기면 양육 문제와 여러 고려할 사항이 많아져서 이혼이 어려워짐에도 이혼을 많이 한다니, 육아라는 산이 참 험난하긴 한가 보다. 서로 짜증을 내고 화를 내는 이유가 따지고 보면 피곤하고 힘들기 때문이다. 내 몸이 힘들고 지치는데 웃고 즐거워할 수 없다. 피곤이 누적되면 여유가 없어지고 배우자나 아이에게 짜증을 내게 된다. 여러 요인이 있겠지만 일차적으로는 삶이 버겁기 때문이다. 특히 요즘 세대가 상대적으로 몸을 쓰거나 남을 돌보고 생명을 키우는 일에 더욱 취약한 것도 이유라고 본다. 생전 하지 않던 일을 하려니 너무 힘든 것이다. 나도 개인적으로는 이 시기가 가장 힘들었던 것 같다. 아무리 노력하고 에너지를 쏟아부어도 매일 할 일이 태산같이 쌓인다는 느낌이 들었고, 참 막막하고 고된 시간이었다. 이때는 정말 부부가 서로 적극적으로 돕고 한 팀이 되어야한다. 힘들 수밖에 없는 시간임을 당연하게 받아들이고 지혜롭게 잘 통과만 해도 성공이다.

세 번째 시기는 결혼 20년 차 이후다. 50대 전후의 시기이다. 최근 내 주변에도 중년 이혼이 부쩍 늘었다. 어찌보면 아이들도 어느 정도 크고 육아에 해방되는 시기라 한시름 놓고 여유가 생기는 때인데 이혼율이 높아진다니 아이러니하다. 아이들이 어릴 때는 키우느라 정신없이 지내면서, 자녀들을 생각해서 참았다고 한다. 그러다가 아이들도 크고 여유가 생기면서 이혼을 결심한다는 것이다. 그간 안고 있던 문제들이 터져나오는 시기이다. 배우자의 불륜, 폭행, 오래된 습관적인 문제점들이 이제는 한계점에 다다르면서 헤어질 결심을 한다. 중년에서부터 시작되는 이런 황혼 이혼이 점점 많아지고 있다.

누가 더 많이 희생하느냐

아무리 부부라도 둘 사이의 힘의 기울기, 강약의 차이는 존재한다. 같은 상황이라도 좀 더 여유와 에너지가 있는 쪽, 그가 강

자라고 생각한다. 이상적인 건 강자가 약자를 돌보고 여유를 나누며 거들어 주는 것인데 생각보다 이게 쉽지 않다. 내가 지금 누릴 수 있고 뭔가를 할 수 있는 이유는 누군가의 도움과 희생 덕분이라는 사실을 종종 잊는다. 아내가 아이를 돌보고 집안일에 에너지를 쏟았기에 남편이 자신의 일에 집중할 수 있는 것이다. 반대로 남편이 육아와 집안일에 더 신경을 썼기에 아내 역시 자신의 일을 할 수 있는 것이다. 돈을 벌고 재정을 공급하는 가족이 있기에 가족들이 먹고 살아갈 수 있는 것처럼 우리 삶의 모든 일은 누군가의 수고 위에 세워져 있다. 그 역할을 하는 것이 힘에 부치고 지치지 않도록 서로 도와야 한다.

자신의 역할을 잘해 내는 것도 중요하지만 서로 돕는다는 마음이 있어야 한다. 왜냐하면 우리는 한 팀이니까! 만약 설거지 담당은 남편인데 오늘 따라 남편이 너무 피곤해 보인다면 '네 몫이니 네가 해야 해!'가 아니라 기꺼이 내가 설거지를 한다. 남편 역시 아내가 오늘 요리할 기분이나 체력이 안 된다면 자기가 대신 요리를 하거나 다른 방법으로 식사를 해결할 수 있다. 서로를 위해 대안을 찾고 에너지를 비축할 수 있도록 배려하자.

연애는 두 사람이 만나 즐거운 일을 함께하는 것이고, 결혼은 힘든 일을 함께하는 것이라는 말이 있다. 결혼은 생활을 같이하는 것이다. 힘든 일은 여러 모양으로 찾아온다. 육아 때문에 힘들 수도 있지만, 아이를 원하면서도 생기지 않아서 힘들 수도 있다.

난임의 고통은 매우 외로운 고통이다. 아이 양육으로 인한 힘든 일은 여기저기 말할 수도 있지만, 아기를 기다리는 사람의 심정은 편하게 나누기도 조심스럽다. 가까운 사람이 난임으로 고생하다가 시험관 시술로 아기를 갖는 과정을 보았다. 그 일이 몸도 마음도 얼마나 소진되는 일인지 알기에, 부부의 사랑과 결속이 더욱 필요해 보였다.

배우자가 있어도 세상에 나 혼자 있는 것 같은 소외감을 느낀다면 더 외롭고 힘들 것이다. 혼자라서 외로운 것보다, 부부가 서로를 외롭게 할 때가 더 힘든 법이다. 우린 노력하지 않으면 서로에 대해 잘 모른다. 결혼하기 전에는 상대방이 무엇을 원하고 무엇을 싫어하는지, 무슨 고민이 있는지 끊임없이 궁금해하고 알고 싶어했다. 연애 때는 그렇게 서로를 배려하고 노력을 많이했는데 결혼하고 나면 관심이 줄어든다. 저절로 될 거라 믿고 방치하는 것이다. 하지만 관계는 평생 쌓아가는 결과물이다. 생명처럼 물과 빛과 거름을 주어야 자라난다.

어려움을 함께 통과한 부부

가정은 함께 일구는 정원 같은 곳이다. 부부가 겪게 되는 어려움과 난관 자체가 둘 사이의 관계를 무너뜨리지는 않는다. 그걸 잘 통과해 낸 부부는 시간이 흐를수록 서로에 대한 신뢰가 쌓이고, 전우애가 생긴다. 사실 힘들어서 사이가 나빠진다기보다는 힘든 시기를 어떻게 보내느냐에 따라 관계가 달라진다. 부부는 오히려 어려움을 통과하면서 하나가 되고, 더욱 친밀해질 수 있다. 두 사람에게 닥친 산을 한 번 넘을 때마다, 둘 사이에는 신뢰가 쌓이고 한 팀이 되어 간다.

외부의 적은 오히려 내부를 더욱 단단하게 묶는 연합의 끈이 되기도 한다. 똑같은 고난, 어려움이 있는데 어떤 부부는 그것을 통해 더 끈끈하고 강한 부부애로 발전시키고, 어떤 부부는 그로 인해 관계가 깨지고 서로에게 상처를 준다. 고난의 종류와 강도가 그것을 결정하는 것이 아니다. 이 차이는 어디서 비롯되는 걸까? 어떻게 하면 어려운 일이 생겼을 때 부부 관계가 오히려 좋아지고, 연대할 수 있을까?

웃음이 주는 여유

어머니 말씀이 사람은 즐겁게 살 수만 있다면
가난도 두렵지 않은 법이라 하셨지.

위화의 「인생」(푸른숲)이라는 소설에 나오는 대목이다.
첫 아이가 태어난 지 얼마 되지 않았을 때였다. 날씨가 춥고 귀찮아서 이불 위에서 기저귀를 갈았다. 그런데 바로 그 순간 아이가 힘을 주더니 응가를 싸기 시작하는데 마치 가래떡 나오듯 이불 위로 뽑아내기 시작했다. 그걸 보고 우리는 둘다 웃음이 터지고 말았다. 이불 위에 그 많은 똥을 싸며 얼굴을 잔뜩 찡그리며 용을 쓰는 아기의 얼굴을 보는 순간, 그 상황이 너무 웃겨서 이불 빨래고 뭐고 잊을 만큼 웃었다. 한겨울인데 아기를 씻기고 이불 빨래를 하느라 고생했지만 그 일이 오래 기억에 남는다.

　물론 늘 그렇게 웃음이 나오는 건 아니다. 짜증을 낸 적도 많다. 그런데도 유독 그 일이 기억나는 걸 보면, 우리가 즐겁게 웃었기 때문인 것 같다. 그 시간이 우리에게는 추억의 한 순간으로 남아 있다.

　재미있게 사는 데에는 많은 것이 필요한 게 아니다. 유머와 웃음은 행복감을 선물한다. 이런 사소한 일들 속에서 느꼈던 즐거운 감정, 웃음은 오래 기억된다. 특히 웃을 만해서가 아니라 웃을 수 없을 때 끌어올리는 웃음은 부부를 회복시키는 힘이 있다. 아이들과 이야기하다 보면 의외로 즐겁고 좋았던 순간은 아주 평범하다. 여행 가서 보았던 대단한 풍경도 아니고 큰 이벤트도 아니다. 그저 과정이 즐겁고, 편안하고, 행복했다면 좋은 기억으로 남는다. 그 기분 좋음, 편안함이 큰 추억이자 재산이다.

　과자 하나를 먹더라도 깔깔 웃으며 재미있게 먹고 즐길 수 있다면 조금 고달픈 삶이라도 살아갈 만 하다. 진짜 웃음과 기쁨은 좀 더 근원적인 곳에서 나온다. 순간의 성취감은 잠깐일 뿐 기쁨은 외부가 아닌 내부에 있다. 우리가 깊은 곳에 품고 있는 것, 그곳에 있는 기쁨의 샘에서 웃음과 즐거움이 흘러 나온다.

화낼 일을 웃음으로 만드는 비법

식구들이 모여 밥을 먹는 시간이었다. 갑자기 셋째 요엘이가 앉은 의자가 "부지직" 소리를 내며 등받이를 지탱하는 부분이 갈라졌다. 두 팔을 올려 크게 기지개를 펴며 등을 뒤로 세게 뻗었는데 그 힘에 그만 의자가 망가져 버린 것이다.

주방에서 음식을 담아 나르던 내가 눈이 동그래져 쳐다보는데 옆에 있는 막내 지혜가 말한다.

"저 의자, 원래 이상했어"

그 옆에 있던 둘째 요한이도 한마디 거든다.

"맞아! 예전부터 자꾸 흔들렸어!"

그러자 남편도 요엘이를 보며 이렇게 말한다.

"우리 요엘이, 이제 보니 삼손처럼 힘이 세네! 기지개 한 번 하고서 의자도 부수고."

그러더니 다들 웃는다. 저걸 어쩌나 싶던 나도 덩달아 웃는다. 어차피 부서진 의자, 일부러 그런 것도 아니고 괜히 속상해할 필요가 있나? 차라리 웃고 말지.

우리만의 루틴, 패밀리 타임

밤마다 우리만의 시간이 있다. 가족이 모여 함께 하루를 정리하는 기도 시간이다.

아이들이 클수록 한자리에 다 모일 시간이 많지 않다. 초, 중, 고, 대학생이 다 있는 집은 삶의 시간도, 상황도 다양하다. 하지만 우리는 모인다. 그렇게 중년이 된 우리 부부까지 여섯 명이 한자리에 모이는 시간은 사실 "기도 조금, 수다 많이"일 때가 더 많다. 기도 제목을 말하다 보면 학교 생활 중에, 아르바이트 중에, 생긴 일들과 진로 고민, 우리 집 경제 상황이 다 쏟아진다. 그날 속상했던 일, 좋았던 일, 걱정되는 일, 관심거리, 자랑거리까지 말하다 보면 심각해질 만도 한데, 우리 가족은 거의 웃음으로 마무리된다. 그러면 무겁고 힘든 마음도 좀 더 가벼워진다. 아마 같이 떠들며 웃었기 때문인 것 같다. 십 대 사춘기 아이들이 어떻게 이게 가능하냐고 묻는다면, 답은 간단하다. '습관의 힘'이다.

이런 패밀리 타임을 10년 넘게 거의 빼놓지 않고 가졌더니, 마치 밥 먹고 씻는 일처럼 익숙해져 버렸다. 30분을 넘지 않고 길어야 20분 정도다. 막내 지혜가 태어나기 전부터 시작해서 누워 있던 아기가 기어다니고 걷고 뛰면서 이 시간을 만들어 왔다. 거기에는 우리가 모두 기억하고 추억하는 막내의 재롱, 식구들의 이야기가 쌓여 있다. 막내는 기억하지 못하지만 한 사람씩 돌아가며 "러블 러블 빛나라!"를 외치며 안아 주었던 아기, 그랬던 막내의 모습을 우리는 모두 기억한다. 하루에 한 번씩 서로 얼굴을 보고 함께 나누는 이 시간, 매일매일 이 작은 시간들이 쌓여 우리 가족의 역사가 되었다.

힘든 날, 슬픈 날, 기쁘고 좋은 날, 아픈 날, 별의별 날들이 있었지만 하루라도 웃지 않은 날은 없었다. 아무리 봐도 웃음은 좋은 일 때문이 아니라, 좋은 사람 때문에 피어나는 것 같다. 웃음만큼 최고의 보약은 없다.

싸우지 않는 부부는 없다

처음 만난 부부를 15분만 관찰하면 이혼할지 안 할지 알 수 있습니다. 그 결과 우리는 다른 부부들로부터 식사 초대를 받지 못하고 있습니다.

심리학자인 존 가트맨(John Gottman) 부부는 오랜 연구와 실험을 바탕으로 자신들의 이혼 예측 정확도가 95퍼센트에 달한다고 말했다. 이 부부가 이혼 여부를 판단하는 기준은 바로 '대화법'이다. 예를 들어, 이런 것이다.

〈이혼 확률이 높은 부부의 대화법〉

아내 : 여보, 창밖에 나무 좀 보세요. 낙엽 색깔이 무척 예뻐요.

남편 : (핸드폰을 보며) "……." (못 들은 척 혹은 묵묵부답)

〈이혼 확률이 낮은 부부의 대화법〉

아내 : 여보, 창밖이 정말 아름답지 않아요? 저 밖에 낙엽이 지고 있어요.

남편 : (핸드폰을 보고 있다가 고개를 들어 밖을 보며) "어디? 아, 정말 낙엽이 멋지네. 우리 이따 산책이나 갈까?"

주고받는 대화가 아닌 뚝 끊어지는 대화, 교류와 소통이 없는 부부는 위험하다. 20년 전 나와 지금의 나는 다르다. 부부가 서로를 이해하고 알아 가는 과정은 평생에 걸쳐 이어진다. 관계는 그렇게 지속적인 관심과 애정을 바탕으로 만들어진다.

부부가 시간이 지나면서 무관심해져서 서로를 모르고 서로의 꿈을 나누지 않게 될 때 결별하게 될 확률이 높다. 갈수록 황혼 이혼이 낯설지 않은 이유이다.

가트맨 부부는 "이런 위기를 예방하려면 배우자가 서로 어떠한 사람인지를 묻고, 각자 인생에서 중요한 것은 무엇인지를 알고 이에 대해 호감과 존중, 이해와 배려의 마음을 가져야 한다"고 말한다. 또한 이러한 마음에서 비롯된 작은 이벤트를 자주 실천하라고 강조한다. 얼마나 돈을 쓰고, 얼마나 새롭고 거창한 것을 하느냐보다 작은 표현이라도 얼마나 자주 하느냐에 결혼의 성패가 달려 있다는 것이다.

가트맨 박사는 부부의 갈등에 대해 이렇게 말했다.

> 행복한 부부도 갈등을 겪습니다. 차이라면 불행한 부부는 상대에게 불만이 있을 때 '저 성격을 뜯어고쳐 나처럼 훌륭한 성격으로 만들어야지'라고 생각하며 갈 때까지 가는 거죠. 하지만 행복한 부부는 상대방의 약점을 배려하며 갈등을 부드럽게 풉니다.

차라리 싸우는 게 낫다

부부의 갈등을 풀어 가는 방법에는 대화가 최고지만 싸우는 것도 하나의 방법이다. 다만 '잘' 싸워야 한다. 가트맨 박사도 부부 문제를 분석하다가 부부 싸움의 내용보다는 '싸움의 방식'이 더 중요하다는 것을 알게 되었다고 한다.

친구 부부는 결혼하고 서로 많이 싸웠다. 옆에서 보면 분명 사랑하는 사이인데도 늘 티격태격하는 모습이었다. 그러다가 몇 년쯤 지나니 싸움이 잦아들고 점점 서로 편안해지는 모습이 보였다. 그때 두 사람이 한 말이 인상적이었다. "우리 둘이 여기까지 오느라 얼마나 힘들었는데, 억울해서라도 잘 살 거야!" 그 말을 들으며 부부 관계란 힘들면서도 한 장 한 장 쌓아 올리는 집과 같다는 생각이 들었다. 집을 쌓을 때 벽돌을 잘못 올려놓으면 다시 쌓아야한다. 대충 쌓아 올리면 나중에 문제가 생긴다. 밖에서 잠깐 만나는 사람들이야 문제가 있어도 그냥 넘어가면 그만이지만, 부부는 같이 살아야 하니 그럴 수 없다. 문제가 있는데 덮어 두고 모르는 척한다고 해서 문제가 사라지지는 않는다.

간혹 "우리 부부는 안 싸워요!"라며 싸우지 않으니 문제가 없다고 말하는 부부들이 있다. 부부 갈등을 싸우지 않고도 대화로 풀고 소통할 수 있다면 더할 나위 없이 좋다. 하지만 불화를 피하려고 갈등을 회피하는 것이라면, 그건 좋은 관계라고 보기 어렵다.

문제를 덮는다고 관계가 좋아지지 않는다. 다만, 지혜롭게 풀어야 한다. 감정이 너무 격해져 있을 때는 정면으로 부딪히기보다는 잠시 차분해질 필요가 있다. 그렇다고 문제의 해결을 포기해서는 안 된다. 서로의 감정이나 생각을 적절한 방법으로 전달할 수 있는 소통의 기술이 필요한 것이지, 소통 자체를 중단해서는 안 된다는 것이다.

어떤 부부는 서로 말이 통하지 않고 자주 부딪힌다는 이유로, 문제가 생길 때마다 피했다고 한다. 그동안 아내는 육아에 몰두하고 남편과는 피상적인 관계만 유지했다. 겉보기에는 별문제가 없어 보였다. 하지만 어느 날 두 사람이 크게 싸우게 되면서 그간의 쌓였던 감정이 한꺼번에 폭발했고, 급기야 폭력 사태까지 발생했다. 놀란 아내가 경찰을 부를 만큼 심각한 상황이 되었다. 이후 두 사람은 상담을 받기 시작했다. 그들은 아이에게만큼은 잘해 주었다고 생각했는데 아이에게도 정서적인 문제가 있음을 발견하고는 충격을 받았다. 관계를 포기하지 않고 최선을 다하는 것도 사랑이다. 도움이 필요하다면 외부의 도움을 받는 것도 좋다.

좋은 결과를 이끌어 내는 싸움의 법칙

그렇다면 부부는 어떻게 싸워야 할까? 부부 싸움은 대부분 말다툼이다. 대화를 통해 충분히 갈등을 해소하고 소통할 수 있다면 가장 좋겠지만, 쉬운 일은 아니다. 말하다가 기분이 나빠져 더 심하게 싸우게 되거나 갈등의 골이 깊어지는 경우도 있다.

어떤 대화가 그럴까? 특히 부부, 부모와 자녀, 형제들 사이에서 "당신은 늘 그런 식이야!"라든지 "도대체 왜 그래?"라며 상대방을 비난하는 식의 대화이다.

그것은 오랜 시간 서로 관계하면서 쌓여 온 데이터가 새로운 갈등 상황과 자꾸 연결되기 때문이다. 그것이 반복되면서 "늘", "언제나", "역시"라는 단어를 사용하면서 상대를 기분 나쁘게 만든다. 지금 잘못뿐 아니라 이전 잘못까지 보태지니 이걸 다 어떻게 감당하랴! 그만큼 쌓여 있는 히스토리가 많기 때문이기도 하고 이전 잘못을 용서하지 않았다는 방증이기도 하다. 사실 이런 실수는 내가 남편에게 자주한다. 기억을 잘하는 나와 기억을 못하는 남편 사이에서 남편 쪽이 당하는 일이다. 남편의 기억력이 나쁘다는 뜻은 아니다. 남편은 주로 좋은 걸 기억한다. 아내의 실수는 늘 잊어 주는 남편에게 고마울 따름이다. 부부 사이에는 정확함보다 너그러움이 더 유익하다. 실수는 잊어버리고 좋은 건 잊지 말자!

비난을 받으면 방어하고 자신을 변호하려는 마음이 생긴다. "그러는 너는 잘했니?", "나만 그런 건 아니잖아!", "너도 저번에 그랬잖아"라며 변명을 하거나 억울함을 호소하며 빠져나갈 구멍을 찾는다. 사람이 자꾸 비난을 받게 되면 방어를 하게 되는데 이렇게 공격과 방어가 되풀이되다가 악순환이 된다. 결국 말로 치고받는 굴레가 반복되며 갈등이 더 악화되는 것이다.

문제가 있을 때 비난하는 말투, 이미 정죄가 깔려 있는 말투가 아닌 사실적이고 중립적인 접근으로 부드럽게 대화를 시작해야 한다.

단순히 문장 자체가 아니라 말하는 뉘앙스나 표정, 분위기로도 전달된다. 부부간의 소통은 상호작용이기 때문에 한쪽이 좀 거칠고 과격하더라도 받는 이가 넉넉하다면 그것을 부드럽게 중화시킬 수 있다.

공격적인 말도 힘들지만 지나치게 방어적인 말도 힘들다. 비난한 것도 아닌데 관련된 내용을 언급하는 것 자체를 자기에 대한 공격이라고 받아들이는 사람이 있다. 이유가 여럿 있겠지만 피해

의식이 있거나 자기 잘못을 인정하기 싫어하는 성향의 사람이다. 문제를 해결하려 하기보다는 자신을 정당화하기 위해 변명만 일삼으며 결론이 "나는 무죄", "상대방은 유죄"임을 증명하기에 급급하다. 이런 대화는 진전이 없고 늘 제자리를 돈다. 일단 문제 자체를 인정하지 않으면 소통이 막혀 버린다.

또한 서로를 멸시하거나 경멸하는 말투나 행동은 절대 금물이다. 이런 표현은 반드시 상대의 기분을 상하게 한다. 영화나 드라마에서 보면 상대방을 가장 도발하는 행동, 결정적으로 주먹이 올라가는 장면은 대게 상대방을, 무시하듯 웃거나 조롱할 때 일어난다. 눈빛과 표정만으로도 충분히 불쾌감을 줄 수도 있다. 특히 외모나 인격을 무시하는 표현은 마음에 깊은 상처를 준다. 비아냥거리며 부정적으로 표현하거나 극단적인 말을 사용하는 것은 상대방과 사이를 점점 멀어지게 한다. "끝났어!"라든지 "결코", "절대", "이혼해!" 등등의 표현은 상대 마음에 큰 타격을 준다.

부부 치료사인 최성애 박사는 '이혼하게 만드는 대화'로 비난, 방어, 경멸, 담쌓기를 말한다. 비난하고 방어하고 경멸하는 대화는 격렬한 싸움으로 이어지거나 장기적으로 서로 담을 쌓게 만든다는 것이다. 상대를 없는 사람 취급하고 각 방을 쓰기도 하며 대화 도중 나가 버리거나 별거를 하게 되는 등 서로에 대해 포기하는 지경에 이르기도 한다.

싸움의 목적

사람이라는 게 참 이상하게 열 번 잘해도 한 번의 실수나 잘못으로 틈이 생긴다. 긴 시간 함께하는 부부 사이에는 좋은 일, 나쁜 일, 기쁜 일, 슬픈 일 온갖 일이 일어난다. 아무리 마음에 안 드는 상대라도 찾아보면 배우자로 인해 기쁘고 감사하고 좋았던 기억이 있다. 하지만 열 번 중 한두 번의 잘못이나 실수만으로도 부부는 나빠질 수 있다. 그러니 상대방이 싫어하는 일을 안 하는 것이 부부 관계의 지혜이다. 좋은 관계를 맺으려면 '상대방이 좋아하는 일을 하는 것' 못지않게 '싫어하는 일을 하지 않는 것'이 필요하다.

내가 자주하는 평범하고 작은 행동들, 특히 나는 아무렇지도 않은데 상대방은 싫어하는 일들 말이다. 이런 일들을 조심하려면 상대방에 대한 관심과 관찰이 필요하다. 혹시 나의 습관이나 말 중에서 상대방이 싫어하는 것이 있는지를 곰곰이 생각해 보자.

가족들은 상대방을 자극하고 도발하는 것이 무엇인지 잘 알고 있다. 상대방의 어디를 건드리면 아픈지를 안다. 그것을 피하는 것이 배려이고 사랑이다. 상대방이 정말 싫어하는 말, 화낼 만한 곳은 건드리면 안 된다. 아무리 화가 나도 해야 할 말이 있고 해서는 안 될 말이 있다. 사람마다 폭발 지점이 다른데 서로의 약점이나 취약한 부분을 건드려 더 약오르게 하거나 화를 돋구어서는 안 된다. 만약 승리가 목적이라면, 상대의 아킬레스건, 급소를 찾아 공략하면 된다. 하지만 그건 상대방과 끝내도 괜찮다는 뜻이다.

장기적으로 좋은 관계를 유지하는 부부는 아무리 화가 나도 상대방의 자존심, 취약한 부분을 건들지 않고 조심한다고 한다.

부부 싸움의 목적은 이기는 것이 아니라 소통이다. 갈등 해소를 위한 과정으로 싸우기도 하지만 파국으로 몰고 가지는 않는다. 어쨌든 '서로 소통하는 것, 더 좋은 관계로 발전하는 것'이 목적임을 잊어서는 안 된다.

좋은 부모는 아이랑 갈등이 일어날 때 그걸로 아이를 미워하거나 아이랑 싸워 이기려 들지 않는다. 어떻게든 이 문제를 해결하고 아이 마음을 풀어 주고 관계를 회복하기를 원한다. 몹시 화가 나서 순간적으로 아이가 미울 수는 있으나 아이를 사랑하지 않는 것은 아니다. 아이와 생긴 문제를 해결하고 서로가 더 나은 방향으로 가는 것을 목표로 한다. 부부도 마찬가지다. 부부의 목표는 서로를 살리고 성장하는 방향으로 가야한다.

얼마 전 〈인사이드 아웃〉이라는 영화를 아이들과 함께 봤다. 1편에 나왔던 감정들(기쁨, 슬픔, 버럭, 소심, 까칠이)에 이어 2편에는 불안, 부럼, 당황, 따분이까지 추가되었다. 더 많은 감정이 추가될 뻔했지만 일단 이 정도로 캐릭터를 만들었다고 한다. 이렇듯 우리 안에는 다양한 감정이 있다. 이런 감정들이 우리 마음에 영향을 주고 그날그날 순간의 기분과 상태가 된다.

감정은 삶에서 일어나는 다양한 일들과 타인과의 관계로 영향을 받는다. 더구나 두 사람이 만나 함께 살아가는 삶, 부부라는 관계에서 서로에게 느끼는 감정들은 변화무쌍하다. 상대방으로 인해 기쁨과 안정감, 편안함을 느끼기도 하지만 때론 미움, 분노, 슬픔도 느낀다. 우리 부부의 결혼 생활에도 긍정, 부정의 오만 가지 감정이 교차되어 나타났다. 감정 그 자체에는 옳고 그름이 없다. 결혼 생활 중에 슬픈 일이 있다고 해서, 마음에 먹구름이 생겼다고 해서 그 삶이 부정되는 것은 아니다. 모든 일이 일어날 수 있고 모든 감정의 파노라마를 경험할 수 있다. 부부는 그 과정을 함께하는 관계다. 서로의 감정을 공유하고, 같이 울고 웃으며, 기뻐하고 슬퍼하며 성장하는 관계이다.

사랑이 더해지는 나눔

| 부부가 함께 질문에 답해 보면서 이야기를 나누어 보세요.
이 나눔을 통해 서로를 더 깊이 이해하게 될 것입니다. |

1. 부부란 인간의 밑바닥에 있는 감정까지 경험하게 되는 관계이다. 당신은 언제 상대방에게 짜증이 나고 상대방이 미워지는가?

2. 문제를 덮어 두는 것만이 능사가 아니다. 한 사람의 희생으로 꾹 참고 가는 것도 좋지 않다. 소통할 용기가 필요하다. 평생을 함께 살아야 할 사람이니 이 시간 기도하는 마음과 친절함으로 어려운 말을 꺼내 보자.

3. 부부의 잠자리는 여전히 기대되고 설레는가? 그대의 몸에 내 몸이 반응하고 있는가? 둘이 함께 누워 있는 시간에 하루를 마감하는 평화와 안식이 깃드는가? 어떻게 하면 더 풍성해질 수 있을까?

4. 대화 중에 내가 특히 싫어하는 배우자의 말투나 태도는 무엇인가? 아래에서 골라 보자.

-지나치게 방어적인 태도
-비웃거나 무시하는 말투
-말꼬리를 잡고 비난하는 말투
-특정 과거 사건을 다시 지적하는 태도
-기타

5. 배우자가 힘들어 할 때가 있다. 시원한 바람을 맞으며 환기가 필요할 수도 있고 홀로 예배당에 있어야 할 때도 있다. 당신이 그러하듯 상대방도 그러하다. 기꺼이 누리도록 해 주라.

Bonus Chapter 3

〈부부 생활의 지혜 더하기〉

부부가 알아야 할 마법의 언어

1. "사랑해"

사랑하지만 말로 표현하는 것이 낯간지럽고 어려울 수 있다. "사랑한다"는 말은 가볍고 쉽게 할 수 없는 말이라고 생각될 수도 있다. 하지만 사랑한다는 말은 단지 '사랑하는가?'에 대한 엄중한 고백, 진중한 뜻만을 담고 있는 건 아니다. 사랑한다는 내용 전달만이 다가 아니다. 그 말을 하면서 즐겁고 기쁜 마음이 생긴다. 그것을 표현하는 것이 일종의 유희, 즐거운 놀이처럼 느껴진다. 우리가 아이에게 눈을 마주치고 사랑을 속삭여 줄 때 그 행위 자체가 둘 사이에 교감을 나누며 기쁨을 주는 것처럼 부부 사이에도 그런 표현이 둘 사이를 더 친밀하게 만들어 준다.

2. "고마워"

"사랑해!"가 특별한 순간을 만들어 준다면 "고마워!"는 좀 더 일상적 표현이다. 우리 삶 군데군데 사소하고 평범한 순간마다 "고마워!"가 적용될 수 있기 때문이다. 물을 갖다 준다든지, 청소를 한다든지, 요리를 한다든지, 이런 작은 호의는 우리 삶을 좀 더 편하게 해준다. 그것이 돈이든 시간이든 노동력이든 주고받으며 잊지 말 것은 고마운 마음이다. 대단한 일에 대해서가 아니라 매일 반복하는 일상, 수없이 되풀이되는 일들에 관해서 꼭 감사하자.

3. "미안해"

사람과 친해지고 관계가 깊어질수록 분명 서로 부딪히는 점이 생긴다. 미안하다는 말을 못 한다는 것은 자기가 틀렸음을 인정하지 못한다는 뜻이다. 잘못을 인정하지 않는 이유는 스스로 상대보다 낫다고 생각하기 때문이다. 겉으로는 온유해 보일지는 모르나 안으로는 고집과 교만함이 가득하다. 우리가 하나님을 만나는 지점도 "I'm sorry!", "I'm a sinner"를 고백하면서부터이다.

누구에나 약점이 있고 누구나 실수를 한다. 접촉이 많을수록 그 빈도는 늘어난다. 특히 가족에게는 실수를 많이 한다. 내가 아무리 사랑하고 잘해주고 싶어도 서로에게 실수를 하게 된다. 불완전한 내가 갖는 한계 때문이다. 나에게는 최선일 수 있지만 그 최선도 완전하지 않다. 그것이 나를 좌절하게 만들기도 한다.

그러나 다행히 사과하며 용서를 구하면 회복된다. 한치의 실수도 없는 완벽한 관계는 없다. 그러면서 우리는 성장한다. 비온 뒤에 땅이 굳는다는 말은 관계에도 적용된다. 사실 진짜 문제는 제대로 된 사과를 안 하고 반성하지 않아서이다.

4. "괜찮아!"

"사이 좋은 부부가 가장 많이 쓰는 말이 뭘까?" 숭실사이버대 교수이자 상담가인 이호선 교수가 40쌍, 80명의 잉꼬부부와 인터뷰했다고 한다. 정말 꿀 떨어지는 부부들이 가장 많이 하는 말은 뭘까? 언뜻 생각하면 "사랑해!"가 아닐까 싶은데 의외로 그것은 "괜찮아!"였다고 한다. 괜찮다는 건 당신을 있는 그대로 수용하겠다는 뜻이다. 실수해도, 모자라도, 잘하지 못해도 괜찮다! 이 표현은 상대방에 대한 인정과 수용, 용납을 의미하며 상대방을 무장해제시키는 역할을 한다.

우린 실수를 하면 당황하게 된다. 아이들은 부모님에게 혼날까 봐 당황하고, 부부라도 배우자에게 비난을 들을까 봐 위축된다. 이때 괜찮다고 다독여 주는 말이 얼마나 위로가 되는지 모른다. 사실 괜찮지 않을 때도 있다. 특히 우리 집은 아이가 넷이라 많은 일이 생긴다. 아이들이 뭔가 잘못했을 때, 물건을 깨뜨리거나 망가뜨릴 때 순간적으로 화가 나기도 한다. 그때는 숨을 고르고 '어차피 망가진 걸 혼내서 뭐 하나?' '일부러 그런 것도 아닌데 화내지 말자' 이렇게 마음 먹고 일단 "괜찮아!"라고 말한다. 신기한 건 이것도 할수록 연습이 되어 자연스러워진다는 점이다. "괜찮아, 안 다쳤어?"라고 묻다 보니(우리집은 남편 포함 아이들까지 다섯이므로 연습할 기회는 차고 넘친다) 이제는 자동 반응처럼 "괜찮아!"라는 소리가 먼저 나온다.

"괜찮아?"라고 질문하기도 한다. 상대방의 안색이 좋지 않거나, 많이 피곤해 보이거나 하면 관심과 배려 차원에서 묻기도 한다. 그러면 '저 사람이 나를 신경쓰고 있구나!', '내 상태, 상황에 대해 궁금해하는 구나!'라는 마음이 든다. 가족끼리 서로 눈을 보고 안색을 살피는 일은 매일 해야 한다. 오히려 가까울수록 무관심해지기가 쉽다는 것을 기억하자. "괜찮아!", 참 위로가 되고 안심되는 말이다.

5. "수고했어!"

"수고했어", "애썼어"라는 말은 상대방의 노고를 인정하는 말이다. 상대방의 노력, 섬김이나 봉사에 대해 인정한다는 말이며, 고마움을 표시하는 말이기도 하다. 배우자가 일을 하고 들어왔을 때, 뭔가 중요한 일을 하고 있을 때 배우자가 얼마나 애쓰고 힘이 들었는지를 살피면서 "당신 힘들었지? 정말 수고했어!"라고 말해보자.

가족이 자신이 감당해야 할 하루를 마치고 돌아와서 서로를 향해 "오늘도 정말 수고했어!"라고 말해 준다면 위로를 받고 힘을 얻는다.

오늘은 마법의 단어를 사용하여 배우자에게 한마디 건네 보자!

- 회사에 갔는데, 문득 당신 생각이 났어, 사랑해!
- 오늘 나를 위해 맛있는 음식을 만들어 주어서 고마워!
- 내가 당신 마음을 세심하게 신경 못 써 주었구나, 정말 미안해!
- 실수할 수도 있지, 괜찮아!
- 어제 밤늦게까지 일하던데 괜찮아?
- 오늘도 우리 가족을 위해 일하느라 수고했어!

4부.
지금도 사랑하며 배우는 중입니다

얼마 전 그림 하나를 보았다.

남녀가 마주하고 서로의 머리에 물을 주고, 각자의 머리에는 예쁜 화초들이 싱그럽게 자라고 있는 그림이었다. 서로에게 물을 주는 관계, 그렇게 서로 자라나는 그림. 우린 그런 사랑을 꿈꾼다.

좋은 관계를 맺기 힘들기보다는 좋은 상태를 유지기가 힘든 법이다. 관계는 생명이기 때문이다. 화초를 키우듯이, 아이를 키우듯이 생명은 가꾸고 돌보고 자라는 것이다. 하나님과의 관계도 그렇다.

날마다 물을 주고 돌보고 세워야 관계는 자라고 유지된다. 그것이 생명의 속성이다. 아무리 귀찮고 지겨워도 돌보고 키우고 세우기를 멈춘다면 생명은 자라지 못하고 죽는다. 아이에게 밥을 주지 않는 부모가 없듯이 관계에도 날마다 양식이 필요하다. 관계는 생명의 양식을 먹고 자란다. 서로가 주는 양식으로 우리는 오늘을 살고, 오늘도 자란다. 사랑이란 생명을 주는 것, 생명으로 관계하는 것, 끊임없이 보살피고 자라게 하는 것, 이렇게 절대로 멈추지 않는 것이다.

그는 나의 조력자인가, 방해자인가?

　백세 시대인 요즘, 인생의 가장 긴 시간을 함께하는 사람은 바로 배우자다. 우리나라 평균 결혼 연령은 30대 초반이며 평균 기대 수명은 80대 초반이라고 한다. 평균으로만 계산해도 배우자와 함께 사는 시간은 대략 50년이다. 물론 헤어지지 않고 결혼 생활을 이어갔을 경우이다. 우리 부부도 올해로 결혼 25년 차가 되었으니, 이대로 별 탈 없이 평균치를 산다면, 앞으로도 25년이 더 남은 셈이다. 배우자와 함께 사는 시간이 혼자 사는 시간보다 훨씬 길다. 그래서인지 많은 부부가 선택을 한다. 서로 맞지 않아 이혼을 하든지, 결혼은 유지하되 자기만의 방식으로 각자 알아서 살든지(이런 '졸혼'이 언제부터인가 유행인 것 같다), 아니면 좌충우돌하면서도 어쨌거나 둘이 함께 부부의 길을 걷든지!
　"배우자는 나의 조력자인가, 방해자인가?"라는 질문을 반대로 하면 "나는 배우자의 성장을 돕는 사람인가, 방해하는 사람인가?" 이기도 하다.
　신앙 안에서 만났다면 성장의 초점은 당연히 하나님 안에서의 성장이다. 그 성장은 우리 각자가 주님을 닮아 가는 성화의 과정에서 일어난다. 구원은 하나님이 우리에게 주신 선물이지만 성화는 우리가 하나님에게 우리의 몸과 마음을 드리는 과정이다. 구원이라는 안전한 언약의 품 안에서 성화는 하나님의 도우심으로 진행된다. 물론 여기에는 우리의 순종과 헌신, 우리의 몸과 마음을 드리는 과정이 있어야 한다. 결혼이라는 관계 안에서 일어나는 과정은 하나님 안에서의 '성화'와 연결된다.

지난 25년, 우리에게 삶은 때론 모험이었고 지겹도록 긴 견딤과 기다림의 시간이었고, 연단과 훈련 속에 한 걸음씩 성장해 가는 과정이었다. 마치 서로 다른 퍼즐 조각이 점점 하나로 들어맞는 온전체를 이루듯이 둘이 연합하여 한 방향을 향해 걸어가는 여정이었다. 우리는 그 안에서 배우고 성장해 왔다.

하나님이 아브라함을 부르시고 약속의 땅을 향해 그를 이끌어 가셨던 것, 그 길을 그가 가족들과 함께 걸었고 그와 그의 가족 모두가 믿음 안에서 성장했던 그 길을 지금 우리도 걷고 있다.

관계는 생명이다

감정 코치, 부부 치료사인 최성애 박사는 쉽지 않은 결혼 생활에서 끊임없이 노력해야 하는 이유에 대해 이렇게 말했다.

> 행복한 부부와 불행한 부부의 큰 차이를 보니까 성격, 외모, 수

입, 학력과는 거의 무관하더라는 거예요. 그냥 한마디로 요약하면 행복한 부부들은 서로 호감, 존중, 감사, 배려 이런 우호감을 잘 느끼고 표현할 뿐 아니라 갈등이 있을 때 갈등을 좀 더 부드럽게 예의바르게 차분하게 나누고 그 반대인 부부들은 조그만 일이 있어도 서로 아주 격하게 싸우거나 아니면 점점 정서적으로 멀어지는 그런 방법을 쓴다고 해요. 그래서 우리가 오늘부터라도 우호감을 쌓는 연습들을 조금씩 하게 되면 관계는 선순환으로 바뀌게 됩니다. 그래서 제가 부부 치료를 할 때 이런 말씀을 자주 드리는데요. 상담사는 둘이 누가 잘했나, 못했나를 판단하고 평가하는 사람이 아니고, 또 누구 성격을 고쳐라 바꿔라 그런 말을 하는 사람도 아닙니다. 둘의 상호 작용의 패턴이 악순환 고리로 들어가 있는 것을 선순환 고리로 패턴을 바꿔 드리는 것을 알려 드리는 거예요. 비행기가 떴을 때 기수 각도를 5도만 다르게 해도 한 시간, 두 시간 후에 기착점이 전혀 달라지게 되거든요. 그래서 둘 사이를 좀 더 긍정적인 선순환 관계로 만들 수 있게끔 방법을 알려드려서 여러분이 조금씩 자주 그 방법을 사용한다면 지금보다 훨씬 행복하고 안정적인 결혼을 유지할 수 있을 것입니다.

관계는 네버엔딩 프로젝트이다. 관계는 한 번에 결정되는 것이 아니다. 이번에 갈등과 문제가 해결되었다고 해서 계속 그 상태가 유지되는 건 아니다. 좋은 관계는 소유하거나 도달하는 것이 아니라 끊임없이 노력해서 그 상태를 유지하는 것이다. 관계는 결과물이 아니라 과정이다. 뜨겁게 사랑을 시작했다고 해서 미래가 보장되지 않는다. 그 사랑을 유지하는 건 다른 문제다. 반복되는 일상에서 점점 성장하는 것, 그것이 사랑이고 관계다.

비루하고 지루한 삶을 끊임없이 반복하며 서로의 손을 잡고 함께 나아가는 것, 변화와 끝이 안 보이는 하루의 귀퉁이에서 서로의 손을 붙잡는 것, 그것이 사랑이라는 것을 배운다. 부부는 꼭 대단한 주제나 목적이 있는 대화만 하는 건 아니다. 물론 그런 것들을 포함하지만 대부분은 소소한 것들, 어찌보면 시시한 것들을 나눈다. 세상에 이런 것들을 나누고 함께할 수 있는 관계는 많지 않다.

나와 너의 퍼즐을 맞추다

얼마 전 중학생 아들의 도덕 교과서를 보았다. 가족 간에 생기는 갈등을 해결하는 방법에 "서로 다르다는 것을 인정하고 상대방을 존중하라"고 써 있었다. 참 교과서다운 문장이지만 맞는 말이다. 인간 관계에서 갈등을 피할 수는 없다. 서로 다르기 때문이다. 우리는 상대방을 설득해서 내 의견에 동의하고 같은 결정을 하도록 만들고 싶어한다. 하지만 나와 같은 결론을 만들어 내는 것을 '갈등이 해결되었다!'고 말할 수는 없다.

　타인과의 관계에서는 서로 생각이 다르면 만나지 않거나 거리를 두면 된다. 그래서 비슷한 사람끼리 친구를 맺고 모이는 경향이 있다. 나랑 다르고 불편하면 굳이 연결하지 않는다. 하지만 가족으로 맺어진 관계에서는 그럴 수 없다. 갈등이 발생하면 어떻게든 해결을 해야 한다. 더욱이 가족은 삶의 구체적인 것들을 공유하고 뭔가 같이 결정해야 하는 상황이 많다. 꼭 큰 주제가 아니더라도 일상의 사소한 일들, 오늘 뭘 먹을까, 휴일을 어떻게 보낼까 등 작은 결정에도 의견이 달라진다. 가정의 재정 상태나 건강 문제, 서로의 성향 등 영향을 끼치는 요인도 다양하다. 단지 밥 한 끼 외식하는 것도 몹시 힘들다는 집도 있다. 의견이 서로 다르기도 하고 가족끼리 뭘 같이하는 것 자체가 어렵다고 한다. 외식하는 것, 쇼핑하는 것, 같이 휴가를 보내는 것, 노는 것도 평소에 자주 해 봐야 익숙해진다. 우리도 아이들이 어릴 때는 차만 타면 자리 문제로 싸웠다. 서로 앞자리에 앉겠다고 티격태격하다가 결국은 가위 바위 보로 결정했다. 갈 때와 올 때 자리가 바뀌고 휴게소에 들르면 또 다시 자리를 바꾸는 식이었다. 이렇게 발생하는 크고 작은 갈등을 해소하려면 그때마다 타협점을 찾고 해결해 보는 연습이 필요하다.

　가족 안에서도 부부는 좀 더 특별한 관계이다. 부부는 하나 됨을 목표로 한다. 하지만 강압적이고, 일방적인 동의를 끌어낸 하나 됨은 아니다. 부부의 하나 됨은 서로 똑같아지는 것이 아니다. 우리는 각각 다른 모양의 퍼즐 조각이다. 나와 똑같은 퍼즐 조각은 없다. 대신, 나의 짝과 어울리도록 나를 다듬어 서로에게 들어맞는 퍼즐을 만들어 간다. 그 과정에서 서로를 향해 조금씩 나를 깎아 내고, 어긋난 부분을 맞춰 갈수록 나는 점점 더 온전한, 나다운 퍼즐 조각이 된다. 이것이 연합의 신비다. 마치 원래의 나를 찾아가는 여정처럼, 점점 나다워지는 퍼즐 조각이 되어 간다. 그러면서 서로가 서로에게 맞아 들어가며, 완성된 그림이 만들어지는 것, 그 과정이 바로 결혼이다.

나의 퍼즐과 너의 퍼즐이 들어맞아 하나로 이어지고, 더 많은 퍼즐 조각들이 이어져 하나의 큰 그림이 그려진다. 하나님은 모든 부부를 이 여정으로 부르셨다. 우리 부부 역시 그 길을 걷는 중이고 서로 하나 되고 하나의 그림을 그려 나가는 중이다. 이것이 어떻게 가능할까? 답은 알고 있지만, 방법을 고민하는 모든 이에게 길을 함께 모색하며 그 여정을 함께하자는 것이 이 책의 목적이다. 힘들지만 아름다운 길, 부부가 함께 가는 길, 그 길은 바로 사랑이 가는 길이다.

대화 상대를 만난다는 것

부부는 서로를 통해 배우고 성장한다. 특히 '대화'는 책을 읽는 것 이상의 효과가 있다. 얼마 전 버지니아 울프의 생애를 다룬 책을 읽었다. 그 당시 대부분의 여성은 학교에 가서 배울 기회가 없었다. 하지만 학교 근처에도 가지 못했던 그녀의 사상과 작품은 100여 년이 지금 지난 지금도 많은 이에게 사랑받고 영향을 주고 있다. 어떻게 가능했을까? 그녀의 집은 많은 사람과 생각을 나누며 교류할 수 있는 만남의 장소였다. 그녀는 정규 교육을 받지 못했지만 아버지의 서재에 있는 책들을 읽고, 각종 지식인들과 예술인들이 모여드는 살롱과 같은 분위기에서 자랐다. 그녀는 여러 생각을 가진 사람들과 끊임없이 대화를 나누었고 그 대화를 통해 영감을 얻고 글을 썼다. 대화는 우리 생각을 확장하고 성장하게 한다. 그런 의미에서 좋은 대화 상대를 만난다는 것은 인생에서 얻을 수 있는 큰 축복이다. 독서의 중요성은 누구나 안다. 하지만 독서도 일종의 소통이다. 풍성한 대화와 소통은 독서 이상이다. 글을 통해 얻는 것 이상으로 우리 생각의 지평을 넓혀 주고 성장하게 한다.

 우리 부부는 결혼 전부터 많은 대화를 나누었다. 그때는 서로에 대해 탐색하고 알아 가는 시기라 각자의 어린 시절과 성장 과정에 대한 이야기를 많이 했다. 어릴 적 상처나 어려움, 성격, 관심 사항, 꿈 등 몇 시간이고 대화가 이어졌다. 한 사람을 알아 간다는 것은 무궁무진한 세계에 들어가는 일이다. 하지만 진짜 대화는 결혼한 다음부터이다. 그 전까지는 서로 소통할 수 있는 충분한 토대를 만들어 놓는 과정이라고 할 수 있다.

결혼 생활 25년 동안 우리는 과연 무슨 대화를 했고 서로에게 어떤 영향을 주었을까?

혼자 읽고 생각하다 보면 한 방향으로 깊어질 수는 있지만 주관적이고 편협해질 수 있다. 사람은 익숙한 것보다는 나와 다른 것, 이질적이고 새로운 것들을 통해 자극받고 변한다. 우리 부부가 얼마나 다른지, 대화를 통해서 알 수 있다. 다른 시각, 느낌, 감정을 가진 사람과 대화를 하면 새로운 영역을 여행하는 기분이 든다. "아니, 정말 그걸 그렇게 생각한단 말이야?", "나는 그렇게 생각하지 않는데, 정말 신기하네."

서로 다르다는 점은 위험하지 않다. 내가 무슨 이야기를 하든 어떤 속내를 드러내든 상대방이 어떤 생각을 할까, 속으로는 무슨 생각을 하며 판단하게 될까를 걱정하지 않는다. 우리 부부는 대화할 때 안전하다고 느낀다. 그러니 편안하고 자유롭다. 물론 부부라도 각자 기준이 있다. 무례하게 선을 넘지 않는 한에서 속마음과 감정을 마음껏 표현하고 솔직할 수 있다. 우리는 누군가와 깊은 내면의 이야기를 주고 받을 때 나 자신이 누구인지 더 잘 알게 된다. 서로에게 배운다.

나와 다른 모습을 배우자로부터 흡수하고 서로 배우고 영향을 주고받는다. 즉흥적이고 융통성이 많고 흐름대로 흘러갈 수 있는 여유, 자유로움을 나는 남편에게 배웠다. 남편은 나의 흔들리지 않는 안정감, 꾸준하고 성실함을 배웠다고 한다. 남편의 예민한 감각과 나의 예민한 감각은 분야가 서로 다르다. 그래서 내가 보지 못하는 것을 남편은 보고 남편이 지나치는 것을 나는 발견한다. 이것이 자유롭게 소통되고 전달될 때 우린 좀 더 온전해진 시각으로 넓게 보고 배울 수 있게 된다. 사람이 책보다 훨씬 강력하다. 한 사람과의 깊고 정직한 대화가 얼마나 서로에게 유익을 주는지 모른다.

구불구불 돌아가는 길이라도

며칠 전 우리 첫째와 둘째 아이가 둘이서 아빠에 대해 이야기하는 것을 우연히 듣게 되었다. (첫째 아이) "나는 사람들을 너무 의식하고 신경 쓸 때가 있는데, 아빠는 그러지 않는 것 같아. 나도 눈치 안 보며 살고 싶어." (둘째 아이) "맞아, 맞아! 아빠가 그러긴 하지. 어떤 때는 좀 당황스럽긴 한데, 그렇다고 아빠가 남한테 피해를 입히는 건 아니잖아? 나도 그게 더 낫다고 생각해."

두 아이가 나누는 이야기를 들으며 내심 놀랐다. 아이들을 키워 보면 안다. 어릴 때에야 부모가 최고지만 클수록 이 녀석들은 우리의 안티가 될 확률이 높아진다. 애정이 없어진다는 뜻이 아니다. 부모라서 좋아해 주는 시기가 지나고 무서운 매의 눈, 흠잡는 잔소리꾼이 된다는 뜻이다. 자녀들은 '무한 긍정 → 부정 → 수용'의 단계를 거쳐서 부모를 바라본다. 그래서인지 나름 성장한

시기에 아이들의 긍정적 표현은 참 의미 있는 칭찬으로 다가온다. 부부도 마찬가지다.

　남편과의 시간을 돌아보면 우리도 그런 긍정과 부정을 번갈아 가면서 서로를 알아 갔다. 남편은 융통성이 있고 나는 좀 고지식하다. 그러면서도 상황을 파악하는 면이 남편이 나보다는 객관적이고 상식적이다. 또한 나는 뭘 하기로 정했으면 어지간해서는 바꾸지 않고 남편은 상황에 따라 변경한다. 그런 남편과 같이 지내다 보면 상황 대처가 유연해서 자유롭기도 하고 효율적이라는 생각이 든다. 그것은 배울 점이다. 하지만 때로는 변경 기준이 납득되지 않고 불안해질 때도 있다. 남편의 선택이 더 좋았을 때도 있고 나의 선택이 더 옳았던 적도 있다. 정보를 흡수하고 판단할 때도 서로가 조금씩 다르다. 큰 줄기에서는 남편이 맞을 때가 더 많지만 작고 예민한 문제에서는 내가 더 정확하게 보는 편이다. 이런저런 경우가 있지만 한마디로 말하면 각각 잘하는 것이 다르다. 물론 약점도 그렇다.

　문제는 우리가 늘 더 좋은 선택을 하는 건 아니라는 점이다. 우린 두 사람이 무엇이 더 유익한가, 옳은가를 따져서 좋은 선택을 하면 될 것이라고 생각한다. 예를 들어, A길은 한참을 돌아가고 힘든데, B길은 빨리 가고 쉽다. 두 사람 모두 B를 선택한다면 더할 나위없이 좋겠지만, 우리는 절대적으로 좋은 선택이 무엇인지 알 수 없다. 자기 생각이 최선이라고 여긴다. 부부가 서로 A-A(최악), A-B 혹은 B-A(서로 의견 갈림), B-B(좋은 선택)의 입장일 수 있다. 더구나 삶은 이보다 많은 선택지를 가지는 복잡한 여정이기에 결정은 늘 어렵다.

살아오면서 우리가 늘 최고의 것을 선택할 수 없다는 걸 알았다. 좋다는 기준조차 우리는 잘 모른다. 빠르게 가는 것이 좋을 수도 있고 아닐 수도 있다. 둘 보다는 혼자하는 것이 더 효율적이고 빨라 보인다.

"빨리 가려면 혼자 가고, 멀리 가려면 함께 가라"라는 아프리카 속담이 있다. 같이 상의하고 보폭을 맞추며 일하다 보면 늦어지고 지체되는 것이 당연하다. 하지만 서로 일하는 방식을 파악하고 호흡을 맞추면 점점 수월해진다. 무엇보다 일하는게 즐거워지고 힘이 덜 든다. 부부야말로 팀워크가 중요하다. 부부는 같은 목적지를 향해 먼 길을 함께 가는 인생의 동반자다.

우리의 목적지란 앞서 말했듯이 궁극적으로는 하나님과의 온전한 연합이다. 부부가 온전히 하나 되고 하나님과 우리가 하나 됨의 연합이다. 우리는 그 목적을 향하는 과정 중에 있다. 목적지에 가능한한 빨리 도달하려고 속력을 내고 지름길을 찾지만 실제 우리가 걷는 길은 구불구불하다. 직선보다는 우회하고 돌아가기도 한다. 40일만에 갈 수 있는 길을 40년에 걸쳐가는 게 우리 인생이다. 희망이 있다면 그럼에도 우리의 길이 하나님을 향하고 있다는 것이다. 우리는 점점 하나님과 가까워진다. 그 길에서 벗어나지 않는다면 우회하고 돌아갈 때 멀어지는 것처럼 보여도 종국에는 더욱 가까워지게 된다.

각각의 삶, 우린 성장하는가?

「평화는 나의 여행」(소나무)의 저자 임영신 씨는 해마다 결혼기념일이 되면 남편과 세 가지 질문에 대해 생각해 본다고 한다.

"지금 (우리는) 사랑하고 있는가?"
"지금 (우리는) 성장하고 있는가?"
"지금 (우리는) 행복한가?"

부부는 서로 사랑해야 하고 성장해야 한다. 그 과정에서 행복을 느낀다. 결혼기념일, 생일, 한 해의 마지막 날 우리도 비슷한 질문을 한다. 온 가족이 둘러앉아 한 해 동안 어땠는지 그리고 우리가 얼마나 성장했는지 돌아보는 시간을 가진다.

성장은 크게 "우리 부부의 관계가 성장했는가?"와 "개인의 삶에서 발전(성장)이 있었는가?"로 볼 수 있다.

부부 관계, 크게는 아이들을 포함한 가족 관계가 얼마나 더 깊어지고 단단해지고 좋아졌는가? 그것은 하루하루 우리가 얼마나 서로를 더 사랑하고 소통하며 관계를 쌓아 갔는지에 달려 있다. 서로 얼마나 많은 대화가 있었는지, 함께하는 시간에 우리가 무엇을 하고 어떻게 보냈는지 등에 관한 데이터가 쌓여 결과를 얻게 된다.

관계에 문제가 생기면 어떻게 해결했는지, 우리가 서로에 대한 감정이 어떤지, 나는 상대방에 대해 얼마나 더 알고 있는지, 서로의 꿈을 지지하고 응원하고 있는지를 함께 돌아보며 고민할 때 우리 관계는 성장한다.

두 사람 공동 영역의 성장과 개인의 독자적인 성장은 연결되어 있다. 안정된 관계는 개인의 영역에도 영향을 끼친다. 관계의 성장 못지않게 중요한 것은 개인의 삶의 성장이다. 부부가 얼마나 사이가 좋은지, 얼마나 사랑하고 화목한지도 중요하지만 개인의 삶, 자신의 영역에서 얼마나 성장하고 있는지도 중요하다. 부부는 하나이지만 각자의 부르심이 있다는 것도 기억해야 한다.

부부 관계가 아무리 좋고 가족끼리 화목하다 하더라도 나의 삶에서 발전이 없다면 내 안에 빈 공간이 생긴다. 물론 가정의 시급한 문제에 올인하고 육아에 모든 걸 쏟아부어야 할 시기가 있다. 가정을 세우는 데는 헌신이 필요하기 때문이다. 그러나 동시에 하나님이 개인을 통해 하시고자 하는 일, 각자에게 부여하신 역할을 고민하고 끊임없이 그 분야에서 성장하고 자라야 한다. 그것이 꼭 가시적으로 보이는 무엇이 아닐수도 있지만 나 자신에게 '나는 자라고 있는가?', '나는 내 삶에 만족하고 자부심을 갖고 있는가?'에 대한 질문에 답할 수 있는 내가 있어야 한다. 여기에는 배우자의 관심과 응원이 필요하다.

'내 남편(아내)의 꿈은 무엇일까?' 때로는 그것이 더 많은 배움의 길, 새로운 직업 훈련, 취미 활동일 수도 있고 혼자만의 여행, 자기만의 시간 확보일 수도 있다. 현실의 여건과 상황을 고려해야겠지만 우리 각자는 개인적으로 배우고 성장하는 시간이 있어야 한다.

우리 부부는 결혼하고 몇 년 간은 각자의 시간을 가질 여력이 없었다. 둘이 같이 있는 걸 좋아해서이기도 하고, 아이 넷 육아만으로도 여유가 없었다. 하루하루 살아 가기에도 벅찬 상태였다. 그러다 막내가 어린이집에 다니기 시작할 즈음에 남편과 주말부부가 되었다. 나와 아이들은 목포에 있었고 남편은 서울에서 일하고 주말에 내려왔다. 처음에는 금방 합쳐지겠지 했는데 그런 생활이 4년이나 이어졌다. 그러면서 자연스럽게 서로가 함께했던 시간들이 각자에게로 돌아가기 시작했다.

그때 남편은 말씀 암송을 체계적으로 훈련하기 시작했다. 남편이 말씀을 통으로 외우게 된 것이 그때부터였다. 나도 그 시간에 글을 쓰기 시작했다. 그때 나의 첫 책 「지하실에서 온 편지」(세움북스)를 출간하게 되었다. 돌아보니 그 4년이라는 시간이 우리 부부에게는 각자 홀로 자신의 길을 찾고 훈련하는 시간이었다. 이제는 둘 다 자신만의 영역이 생겨서 자신을 위해 시간을 투자하는 노력을 하고 있다.

부부가 서로의 꿈과 서로에게 무엇을 원하는지 알고 그것을 응원한다는 것만으로도 서로에게 큰 힘이 된다. 상대방이 발전하고 성장하는 모습을 기뻐하고 도와주는 것이 사랑이다. 나만을 바라보고 내게 필요한 사람이기만을 바라는 것은 이기적인 마음이다. 서로를 향한 헌신이 기본이지만, 그것은 쌍방향이어야 한다. 부부가 함께 성장하고, 관계가 더욱 깊어지며 성숙해진다면 점점 온전한 사랑의 모습이 될 것이다.

우리의 사랑은 어디쯤일까?

사랑은 관계를 기반으로 존재한다. 사랑할 대상이 필요하며 그 대상과의 관계를 통해 사랑이 표현된다. 심리학자 로버트 스턴버그(Robert J. Sternberg)는 사랑을 '친밀감, 열정, 헌신'이라는 세 가지 요소로 설명한다.

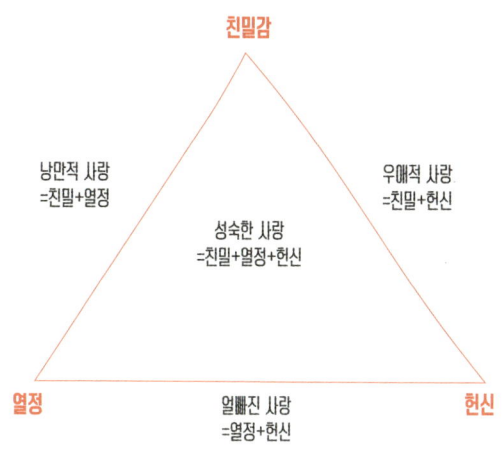

- 친밀감: 정서적인 연결과 서로에 대한 깊은 이해를 기반으로 한다. 친밀감이 있는 관계는 서로의 취향, 습관, 선호도 등 서로에 대해 깊이 알고 있다. 어려운 문제도 편하게 이야기하는 관계, 서로에게 힘이 되고 지지해 주는 관계이다.

- 열정: 강한 성적인 이끌림과 로맨틱한 열망을 말한다. 사랑에 빠진 감정적인 상태, 상대방과 같이 있고 싶은 욕구, 서로의 매력에 끌려 흥분을 느낀다.

- 헌신: 관계를 지속하려는 결심, 서로에게 책임감을 가지는 것이다. 어려움이 있더라도 서로를 지지하고 함께 목표를 이루려고 노력한다.

스턴버그는 이 세 가지 요소가 어떻게 조합되느냐에 따라 사랑을 여덟 가지로 나누었다.

세 가지 요소가 다 갖추어진 사랑을 '성숙한 사랑'이라고 한다. 여덟 가지 사랑은 우리의 사랑을 점검해 보고 부족한 요소가 무엇인지 알아 보기에 유용하다. 과연 우리 부부의 사랑은 어디에 있는가? 우리 부부에게 필요한 것은 무엇일까? 함께 생각해 보자.

여덟 가지 사랑

1. 성숙한 사랑 : 친밀감, 열정, 헌신이 모두 존재하는 사랑. 가장 이상적인 사랑. 도달하기 어렵지만 부부가 서로 향해가야 하는 아름다운 사랑. 우리의 목표점.

2. 낭만적인 사랑 : 친밀감, 열정은 있되, 헌신이 부족한 사랑. 육체적으로나 정서적으로는 서로 매력을 느끼고 아주 뜨겁게 사랑하는 관계. 사랑에 빠진 상태에서 나오는 사랑, 시간이 지나면 변하기 쉬움. 좋을 때는 좋지만 어려움과 위기가 찾아올 때 헌신할 마음이 없다면 깨지기 쉬움. 에로스 사랑.

3. 우애적인 사랑 : 친밀감과 헌신은 있되, 열정이 없는 사랑. 가족 간의 사랑, 육체적 갈망이 희미해진 사랑, 오래된 연인이나 중년 부부에서 보이는 사랑, 낭만적인 사랑에서 위기를 극복하고 헌신이 더해졌지만 열정이 사라진 상태. 친구 같은 관계. 편안함은 있지만 설렘과 뜨거운 감정은 없음.

4. 얼빠진 사랑 : 친밀감이 빠진 사랑. 열정과 헌신으로 밤에만 불타는 사랑. 드라마에 많이 나오는 이상한 부부 관계. 상류 사회, 부부의 의무를 강요하는 경우의 사랑. 결혼을 유지해야 하는 관계. 정서적인 친밀감이 없으니 서로 편안한 농담을 하거나 장난치는 관계가 될 수 없음.
5. 친구 같은 사랑 : 친밀감만 있음. 좋아하는 감정은 있지만, 열정이나 헌신이 없어서 발전이 되지 않는 관계. 가벼운 관계.
6. 망상적인 사랑 : 열정만 있음. 자신이 원하는 것만 보고 육체적 관계에 탐닉하는 관계. 일시적인 사랑. 상대방에 대해 알고 싶지도 않고 욕망만 주고받는 사랑. 육체적 사랑.
7. 공허한 사랑 : 헌신만 남은 사랑. 열정과 헌신만 있던 얼빠진 사랑에서 열정이 사라진 상태. 의무만 있는 부부 관계. 자신만 소모하는 사랑.
8. 거짓 사랑 : 아무것도 없는, 외로워서 만나는 관계. 헌신이 싫은 조건 만남. 일시적인 만남.

우리 부부의 사랑은 어떤 사랑일까?

한국 사회에서 가장 많이 보이는 부부의 사랑은 "우애적 사랑"이다. 부부를 남녀가 아닌 가족으로 본다. 우스갯소리로 부부가 포옹을 하거나 스킨십을 하려고 하면 "가족끼리는 그러는 거 아니야"라며 선긋는 말이 흔하게 오고 간다. 물론 열정, 친밀함, 헌신은 딱 잘라 구분하기는 쉽지 않다. 사랑에 '헌신'이라는 요소는 얼마나 중요한가?

사랑은 단순히 감정을 넘어 사랑하기를 결정하고 약속하는 헌신이다. 그 헌신의 힘은 크다. 결혼을 언약으로 받아들이고 사랑할 결심을 하고 지켜 나가는 헌신이 없다면 결혼이 유지되기 힘들다. 하지만 결혼을 유지하고 가정을 꾸려 나가는 '기능적 역할을 하는 것'이 우리의 목표는 아니다. 사랑은 변한다. 그 변화는 변질되고 더 나빠지는 변화도 있지만 더욱 풍성해지고 깊어지는 '성장으로서의 변화'도 있다. 성장에는 노력이 필요하다. 우리에게 무엇이 부족한지 진단해 보고 더 좋은 것을 향해 나아가는 것, 사랑의 힘을 믿어 보는 것, 꿈꾸고 소망하며 그 사랑을 이루어 가는 것이 우리의 부르심이 아닐까?

부부가 가야 할 이상적인 방향

내 일생 소원은 늘 찬송하면서 주께 더 나가기 원합니다.
"내 주를 가까이 하게 함은"(새찬송가 338장)

이 찬송가는 마치 내 평생에 걸쳐 가야 할 길, 여정을 어떻게 걸어가야 하는지 말해 주는 것 같다.

권율 목사님은 「부부 신학」(샘솟는기쁨)에서 부부 관계가 가까워질수록 하나님과의 관계도 가까워짐을 '사랑의 삼각도'로 표현했다. 결혼은 부부뿐 아니라 하나님과의 관계이다. 하나님을 믿고 천국 백성이 된 내가 평생에 걸쳐 그리스도와 하나 되어 가는 과정이 성도의 가야 할 길이다. 그 여정이 바로 하나님 나라 백성으로서의 삶을 이 땅에서 살아 가며 그리스도의 영광을 드러내는 삶이다.

부부가 그리스도 안에서 하나 되어 갈수록 하나님과의 관계도 깊어진다. 부부의 연합과, 하나님과 우리와의 연합은 비례한다. 하나님의 자녀는 이 땅에서 사는 동안 '하나님과 가까움'의 여정을 걸어간다. 우리 안에 있는 예수의 생명이 우리를 그렇게 이끌어 간다. 우리가 주님과 가까워질수록 부부 사이도 더욱 가까워진다. 지나온 여정이 굴곡지고 우회하기도 했지만 우리 삶의 방향은 주님에게로 가고 있다.

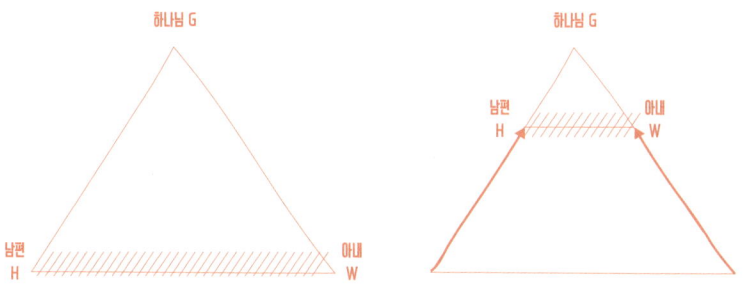

〈사랑의 삼각도〉

'하나님과 가까움'(Nearness to God)에 대해 C.S. 루이스(Lewis)는 「네 가지 사랑」(홍성사)에서 이를 서로 다른 두 종류의 가까움으로 분류했다.

'하나님과 유사하다'(Likeness to God)는 의미에서 가까움

하나님은 그분이 만드신 모든 만물 속에 그분과의 유사성을 새겨 넣으셨다. 모든 생명은 그분의 생산력을, 동물의 생명은 그분의 활동력을 반영한다. 이성을 소유한 인간은 이런 것보다 훨씬 중요한 유사성을 갖는다. 천사들은 인간에게 없는 유사성(불멸성, 직관력)을 가진다. 창세기에서 하나님이 인간을 만드실 때 쓰신 표현을 보면 하나님과 닮음, 유사하다는 의미에서의 가까움의 의미를 알 수 있다.

> 우리의 형상을 따라 우리의 모양대로 우리가 사람을 만들고 그들로 바다의 물고기와 하늘의 새와 가축과 온 땅과 땅에 기는 모든 것을 다스리게 하자 하시고 하나님이 자기 형상 곧 하나님의 형상대로 사람을 창조하시되 남자와 여자를 창조하시고 (창 1:26-27).

'하나님에게 접근하다'(Approach to God)는 의미에서의 가까움

하나님과 '가장 가까운 상태'는 궁극적으로 하나님과 연합하여 그분의 얼굴을 뵙고 그분을 누리는 상태에 접근해 가고 있다는 의미다. 이 땅에서 우리가 할 일은 그분에게 점점 더 가까워지는 일이 아닐까?

C.S.루이스는 유사성으로서의 가까움과 접근으로서의 가까움이 구별되며 그 둘이 반드시 일치하는 것은 아니라고 했지만 크게 보면 둘은 비슷한 것 같다. 우리가 주님에게 가까이 갈수록 우리는 주님의 성품을 더욱 닮아 가기 때문이다. 그러나 주께 더 가까이 가는 여정은 힘들고 고되다. 때로는 목적지가 보이지 않고 오히려 더 멀리 돌아가는 것만 같다. 루이스가 그것을 고향 마을로 가는 어떤 산길에 비유했는데 그것이 우리가 가는 길이다.

> 지금 우리가 고향 마을로 가는 산길을 따라 걷는 중이라고 가정합시다. 정오쯤에 우리는 공간적으로 고향 마을과 매우 가까운 곳, 바로 아래 그 마을이 내려다보이는 어떤 절벽에 도착합니다. 돌을 던지면 바로 그 마을로 떨어질 만큼 가까운 위치입니다. 그러나 암벽 등반가가 아닌 이상 밑으로 직접 내려갈 수는 없습니다. 먼 길을 돌아가야 합니다. …… 그렇게 우회로로 걸어가는 중에 많은 지점은 아까 그 절벽에 잠시 멈춰 앉았을 때보다는 그 마을과 더 멀어질 수도 있습니다. 그러나 이는 다만 정지 상태에서만 그렇습니다. 진행 상태에서 보면, 우리는 고향집 욕조와 차(茶)에 '더 가까이' 다가간 셈입니다.

이 글을 읽으며 지난 날들이 조금씩 해석되었다. 바로 앞에 그분이 있고 금방 목적지에 도착할 것 같은데 이상하게 자꾸 우회하고 돌아간다는 느낌이었다. 길을 헤매는 우리, 점점 그분과 더 멀어지는 것 같았던 의심의 순간들도 있었다. 그러나 그 방향이 틀리지 않았고 더디고 답답했지만 우리는 주님에게 가까이 가고 있었다. 그 믿음이 나를 위로해 주고 힘을 내게 해 주었다.

부부가 같이 길을 간다는 것은 어찌 보면 많은 시간을 허비하는 셈이기도 하다. 서로의 속도, 서로의 상황에 맞추고 내 뜻대로 할 수 없는 상황에서 기다려야 하고 잠시 쉬거나 돌아가기도 한다. 그러나 그 모든 우회의 길이 실은 주님에게 더 가까이 가는 길이었다는 것은 얼마나 큰 위로인지 모른다.

하나님과의 가까움은 '멈춤'을 의미하지는 않는다. 이 땅에서 살아가는 동안 우리는 주님에게 더욱 접근해 가는 중이다. 접근은 그 상태로 멈추는 것이 아니라 계속해서 움직이고 나아가는 행함이 있어야 한다. 끝나지 않는 길, 주님이 정하신 마지막까지 한 걸음이라도 더 나아가는 길이다. 우리는 모두 '고향 마을로 가는 길'을 가고 있다.

그래서 기대가 된다. 지금까지 우리가 걸어온 25년에 더하여 걸어갈 그 길을. 우리는 얼마나 주님과 더 가까워지게 될까? 우리 관계는 얼마나 더 친밀하고 가까워지게 될까? 부디 주님이 우리의 발걸음을 인도하시고 주께 더 가까이 가는 길로 우리를 이끄시

길 우리 역시 멈추지 말고 그 길을 매일매일 걸어갈 수 있기를 소망한다.

사랑이 더해지는 나눔

| 부부가 함께 질문에 답해 보면서 이야기를 나누어 보세요.
이 나눔을 통해 서로를 더 깊이 이해하게 될 것입니다. |

1. 스턴버그의 사랑의 3요소(친밀함, 열정, 헌신) 중 우리 부부에게 부족한 요소는 무엇인가? 온전한 사랑을 이루기 위해 노력해야 할 요소는 무엇인가?

2. 배우자는 하나님이 주신 길을 함께 성장하면서 걷는 사람이다. 나는 배우자의 성장을 돕는 자인가, 방해하는 자인가? 멀리 보면 배우자가 더 온전하게 자라나는 것이 곧 나의 성장이 된다. 서로에게 돕는 자가 되겠다고 약속해 보자.

3. 호감, 존중, 감사, 배려 등 좋은 감정이 쌓이면 갈등이 쉽게 해결되고 관계는 더 탄탄해진다. 굳건한 관계는 더 긍정적인 감정으로 이어지는 선순환이 된다. 부디 악순환의 고리에 빠지지 않도록 주의하라. 관계라는 물줄기의 흐름을 바꾸기 위해서 우리 부부에게 무엇이 필요한가?

4. 부부는 먼 길을 함께 가는 동반자이다. 결혼 몇 년 차인가? 만난 지 얼마나 되었는가? 아직 갈 길이 머니 조금 쉬면서 속도를 맞추고 재정비하는 시간을 갖자. 상대를 위한 좋은 시간과 장소를 생각해 보자.

5. 부부가 함께 다음 세 가지 질문에 답해 보자.
"지금 사랑하고 있는가?" / "지금 성장하고 있는가?" / "지금 행복한가?"

Bonus Chapter 4

〈부부 생활의 지혜 더하기〉

불행한 결혼 생활, 실패일까?

누구나 행복한 가정을 꿈꾸며 결혼한다. 적어도 결혼의 의지에는 그런 기대와 마음가짐을 포함한다. 결혼의 이유가 '나의 복지' '나의 행복'만을 위해서라면 문제가 심각하다. 상대방을 자기 유익을 위한 수단으로 보고 소유하고자 하는 결혼이라면 시작부터 잘못되었다. 첫 단추를 잘못 끼면 실패할 확률이 높다. 물론 인생은 알 수 없어서 어떤 다른 변수가 작용할지 모른다. 하나님의 은혜는 언제나 자격 없는 자, 갖추지 못한 자에게도 부어지니 그분은 우리의 잘못된 시작조차 은혜로 덮어 축복하실 수도 있다. 그러나 그건 우리 영역 밖의 일이다. 우리가 할 일은 최선을 다해 결혼을 준비하고 바람직한 상태로 결혼 생활에 임하는 것이다.

결혼의 목표는 온전한 연합이다. 부부가 하나님 앞에서 서로 사랑하고 평생 그 연합의 길을 가고자 언약을 한다. 우린 하나님이 주신 좋은 설계도를 가지고 결혼이라는 집을 짓는다. 결혼 생활은 그 집을 함께 지어 가는 과정이다. 부부의 온전한 연합이 건축의 완공이라면 그 연합을 이루어 가는 과정은 집을 짓는 공사기간이다. 부부가 정신적, 육체적, 영적인 연합을 이루어 가고 하나

되는 연합, 이런 부부의 연합이 하나님과의 연합으로 이어지는 것이 결혼이다. 결혼의 확장이 교회, 사회로 이어져 하나님 나라를 이루어 가는 것, 이것이 아름다운 결혼의 청사진이다.

하지만 결혼이 한 사람의 노력만으로는 좋아질 수 없다. 관계는 상호적이다. 한쪽이 너무나 비협조적이고 문제가 있는 경우라면 밑빠진 독에 물을 붓는 것과 같다. 노력해도 좋아지기가 힘들다. 일반적으로는 부부가 서로 양보하면서 관계를 개선할 수도 있지만 어떤 경우는 통제 불능, 가망이 없어 보일 때가 있다.

스텐리 하우어워스(Stanley Hauerwas)는 2001년 〈타임〉지에서 "미국 최고의 신학자"로 선정되었다. 그는 수많은 글을 쓰며 강연을 했고 20세기 후반에 가장 폭넓은 독자를 가진 신학자 중의 한 명이라고 알려져 있다. 그런데 그의 결혼 생활은 행복하지 않았다. 결혼하고 나서 아내에게 정신 질환이 있다는 것을 알게 되었다. 아내(앤)를 최선을 다해 돌보았지만 그녀는 나아지지 않았다. 부부가 서로 사랑하고 도와도 살아 내기가 만만치 않은 게 삶이다. 그런데 배우자가 삶에 더 많은 짐을 가중시킨다면 어떨까? 그와 아들은 단순히 힘든 정도가 아니라 아내가 무슨 짓을 할지 몰라 두렵기도 하고 위협을 느꼈다고 한다. 강의 때문에 멀리 출장을 가야 하거나 집을 비우게 되면 아내와 단둘이 남은 아들이 몹시 걱정되고 불안했다.

결혼 생활 내내 '희망이 사라져 버리고 버림받은 느낌, 외로움, 절망감'을 느꼈고 마치 세상이 무너져 내리는 것 같았다고 했다. 이 고백을 읽으면 이토록 암울한 결혼도 과연 지속해야만 하는 걸까 의문이 든다.

끝까지 함께하겠노라는 약속

그는 심각한 정신 질환을 앓는 사람과 같이 살아야 하는 이들에게 "일단 살아남아야 한다"고 조언한다. "당신이 살아남지 못하면 누구도 살아남지 못한다. 살아남기 위한 노력은 이기적인 것이 아니다. 삶이 이어질 수 있다는 희망의 끈을 놓치 않으려면 살아남기 위해 노력해야 한다." 이런 식으로 계속 살아야 한다는 것은 언제 끝날지도 모르는 불행을 안고 안개 속을 헤매는 삶일 것이다. 결혼을 유지해야 하는 목적이 개인의 행복이었다면 이런 결혼 생활은 당장 종지부를 찍어야 했을 것이다.

그러나 그는 결혼의 근거를 '약속'이라고 생각했다. 결혼은 두 사람이 끝까지 함께하겠다고 서로와 하나님 앞에서 한 약속, 하나님 앞에서의 언약이라는 것이다. 그의 책 「한나의 아이」(IVP)는 그가 한 여자의 남편, 아들의 아버지로서의 삶과 신학자로서의 삶의 여정을 담고 있다. 그는 벽돌공이었던 아버지에게 배운 것처럼 "벽돌은 한 번에 하나밖에 쌓을 수 없다"는 태도로 삶의 모든 일에 성실하고 꾸준했다. 성실하게 공부하고 성실하게 삶을 살아냈고 그런 태도로 결혼 생활을 했다. 남편과 아버지로서의 역할도 충실하게 했다. 나중에라도 그의 아내가 회복되어 두 사람의 결혼 생활이 나아졌다면 얼마나 좋았을까? 하지만 상황은 점점 안 좋아졌다. 앤은 더욱 심해졌고 결국 집을 나가 자살로 생을 마감했다. 이럴 줄 알았으면 결혼 초반에 이혼했어야 하는 게 아닐까? 과연 이런 결혼을 끝까지 유지해야 할 이유가 있었을까? 하나님 앞에서 약속한 것을 지키기 위해 한 사람이 이렇게 불행해져도 되는 걸까 의문이 든다. 그는 쉽게 포기하지 않았지만 이건 누구에게도 강요할 수 없는 일이다. 하지만 앤과의 시간을 보내면서 그가 이 여정 끝에 남긴 말이 인상적이다.

> 나는 우리 생활을 비극이라고 여기지 않는다. 비극보다는 비애감이 우리 결혼 생활을 기술하기에 더 적절한 단어 같다. 앤과 함께 살면서 나는 삶을 통제할 수 없을 때 살아가는 법을 배웠다. …… 내가 볼 때 그리스도인으로 사는 것은 답 없이 사는 법을 배우는 과정이다. 이렇게 사는 법을 배울 때 그리스도인으로 사는 것은 너무나 멋진 일이 된다. 신앙은 답을 모른 채 계속 살아가는 법을 배우는 일이다.

그의 결혼은 불행했지만 그는 자신의 삶에 성실했고 주변 사람들과 특별한 우정을 키워 나갔고 열심히 달렸고, 공부했고, 발전했으며, 그 삶을 감당해 나갔다. 그는 조심스럽게 아내와의 삶, 그

통제할 수 없는 삶이 그의 신학적 통찰에 영향을 끼쳤을 수도 있다고 말한다. 하지만 그들이 함께한 시간이 그가 배운 신학을 펼치는 방법을 좌우했다고 결론짓지는 않는다. 물론 영향이 있었을 것이다. 그것이 긍정일 수 있다는 게 다행인 것이고, 분명한 건 그는 결혼생활을 통해 배우고 성장했다는 점이다. 그럼에도 그의 이야기가 우리는 불행한 결혼 생활을 포기하지 말고 인내해야 한다는 교훈을 준다고 말하고 싶지는 않다. 하나님이 우리를 성장하고 훈련시키기 위해 그런 불행한 결혼을 주셨다고 말할 수는 없다. 스탠리 하우어워스가 꼭 그런 결혼 생활을 통과해야만 지금의 업적을 이룰 수 있었던 건 아니다. 다만 불행한 결혼 생활이 인생의 실패를 의미하지는 않는다는 것이다.

우리의 불행 속에서도 일하시는 하나님

결혼을 통해 사랑을 배우고 친밀감을 누리고 더 나아가 그리스도의 사랑을 드러내는 아름다운 가정을 이룬다면 감사한 일이다. 하나님이 두 사람에게 두신 목적대로 그것을 이루어 가는 결혼 생활은 아름답고 의미가 있다. 하지만 결혼 생활이 우리가 통제할 수 없는 다양한 이유로 인해 힘들고 불행하더라도 실패라고 할 수는 없다. 하나님이 인생을 만들어 가는 방법은 셀 수 없이 많고 다양하다. 그분은 우리의 불행 속에서도 일하신다. 우리를 포기하지 않으시고 절망으로 끝나도록 내버려 두지 않으신다. 엉켜 있는 실타래에서 실을 뽑아 아름다운 무늬를 만들어 가시는 하나님의 능력이 아무리 비천하고 힘든 우리 상황에서도 제한될 수는 없다.

결혼을 통해 하나님 나라가 드러나고 천국의 비밀을 맛본다고 하지만 결혼 역시 영원한 것은 아니다. 우리 인생에서 중요한 건 나의 삶이 점점 더 그분과 가까워지며 그분을 닮아 가는 일이며, 궁극적으로는 그분과 하나 되는 일이다.

러셀 무어(Russell D. Moore)는 「폭풍 속의 가정」(두란노)에서 우리가 아무리 힘든 가정에 속해 있다 할지라도 그 삶이 실패가 아님을 말하고 있다.

> 당신에게 일어날 수 있는 최악은 당신이 부모로부터 어떤 일을 겪었는가가 아니다. 당신에게 일어날 수 있는 최악은 당신의 언니나 동생이 당신과 말을 섞으려 하지 않는 것이 아니다. 당신에게 일어날 수 있는 최악은 배우자가 당신을 떠났거나, 바람을 피웠다거나, 당신을 놔 두고 먼저 죽은 것이 아니다. 당신에게 일어날 수 있는 최악은 당신의 자녀가 당신에게 반항하거나 당신보다 먼저 장례를 치르게 되는 것이 아니다. 물론 그런 일들이 당신 삶에 끔찍한 일인 것은 분명하다. 하지만 당신에게 일어날 수 있는 최악의 상황은 당신이 죽어서 하나님의 심판대 앞에서, 사망과 지옥의 선고를 받는 것이다.
>
> 그러나 당신이 그리스도 안에 있으면, 그 일은 이미 벌어졌다.

당신은 단순히 살아남은 자가 아니라, 사랑받는 자녀이며 모든 것의 상속자다. 그러나 폭풍 속에서 이리저리 시달릴 때는 그것을 기억하기 어렵다. 당신이 견디고 있는 폭풍이 무엇이 되었든 우리의 항로는 미지의 세계가 아니다.

......

나는 당신의 상황에 대해서 잘 모른다. 그러나 당신이 어느 가족의 일원이라는 것은 안다. 과거나 현재나 미래의 가족 말이다. 설령 당신이 가족의 이름이나 얼굴을 전혀 모르더라도, 누군가 당신을 지금의 모습으로 빚었으며 지금도 당신을 형성해 가고 있다. 그리고 앞으로 누군가가 당신의 새로운 가족이 되어 당신을 형성할 것이다.

내가 또 아는 것은 당신이 어떤 가정을 만들든 통제할 수 없는 폭풍 속에서 요동치게 될 것이라는 것이다. 그것을 통과하려면 왜 가족이 우리에게 중요한지, 또한 왜 가족이 우리에게 궁극적이지 않은지 알아야 한다. 우리는 가족을 분명히 보되 그 이상을 보아야 한다. 폭풍에 시달리는 가정에게 유일하고 안전한 항구는 십자가의 상처를 가진 가정이다.

사랑의 근원은, 사랑의 힘과 에너지는 예수 그리스도의 십자가에서 흘러나온다. 우리가 서로 사랑할 수 없는 존재라는 걸 알지 못한다면, 우린 영원히 사랑하지 못한다. 사랑의 실체를 알지 못한다.

내가 깨달은 유일한 소망은 내 안에 계신 그분에게 생명이 있다는 것이고 사랑이 존재한다는 것이다.*

가장 이상적인 가정은 예수님을 중심에 둔 가정이며, 비록 연약하고 흔들릴지라도 예수님의 생명으로 성장하는 가정이다. 행복과 기쁨은 그 부산물이다.

Epilogue

당신에게 쓰는 편지

사랑하는 남편에게,

여보야! 우리 벌써 25년을 함께 걸었네.

당신을 생각하면 웃음이 나. 힘들 때도, 길이 안 보이고 삶이 막막할 때도 신기하게 우린 웃을 수 있었고, 광야같이 거칠어도 소풍처럼 가볍게 걸어올 수 있었지. 이게 나에게는 너무 큰 선물이었던 것 같아. 그래서 다시 돌아가기 싫은 그 시간도 손을 잡고 서로의 체온을 느끼며 따스함을 잃지 않았지.

철없고 부족했던 우리였지만 함께 사랑하고 살아오면서 점점 배웠어. 당신 덕분에 사랑이 생명이라는 걸 알았어. 그 생명은 하나님이 주신 것이라는 것도. 사랑 안에는 생명이 있고 그래서 점점 자라는 거야. 우리 아이들이 씨앗처럼 우리에게 와서 태어나고 자라듯이. 하나님이 주신 모든 생명이 이렇게 성장한다는 신비를 알게 되었어.

우리의 검은 머리는 파뿌리가 되어 버렸지만 사랑은 늙지도 않는가 봐. 당신이 사랑은 배우는 거라고 말했지? 맞아, 사랑은 배우고 성장하는 거야. 그래서 기대해. 우리의 사랑이 얼마나 더 커지고 자라날지.

남은 날들, 당신과 함께 꿈꾸며 기대하고 사랑하며 살면 좋겠어.

지금까지 함께해 줘서 고마워. 오늘도 내일도 또 한 걸음 손잡고 가자.

여보야, 사랑해!

2025년 4월 아내 제행신이 남편 전신근에게

사랑하는 아내에게,

"사랑한다"는 말은 빛이 나나 봐. 한 남자가 원래 자신 안에 있던 그 갈비뼈를 찾아 내어 "이건 내 뼈 중의 뼈"라고 외칠 수 있다면 그의 인생은 얼마나 복된 것인가 싶어. 나는 당신을 만났어! 다시 옛날로 돌아가 생각해도 이것은 진짜 감격이야. 우린 25년을 같이 일어 났고, 먹었고, 한 이불 속에 함께 누웠어. 글을 통해 그 시간들을 꺼내 볼수록 벅찬 뭉클함이 몰려 와. 다사다난한 삶의 굴곡조차도 당신과 함께했으니 이토록 반짝거리네.

사랑에는 놀라운 힘이 있나 봐. 그 속성이 하나님의 것이라서 그런가? 하나님을 닮았어. 낮은 것들을 메워 주고 거친 부분들은 깎아 주는 조각가의 손길이야. 부부는 사랑하기에 더 온전한 모습으로 서로를 빚어 주고 서로에게 몸과 마음을 맡기고 있어. 이렇게 시간이 더 흐르면 우리는 좀 더 온전한 인간이 되어 있지 않을까? 그때에는 둘 다 하나님을 더 닮아 있을거야.

사랑해. 평생에 단 한 사람에게만 고백할 수 있는 이 언어는 오로지 당신의 것이야. 검은 머리가 파뿌리가 될 때까지, 죽음이 우리를 갈라놓을 때까지 더 온전히 당신을 섬기고 사랑하겠다고 서약했던 첫 마음 그대로 당신을 사랑합니다. 그리고 세월이 흐를수록 더욱 사랑할 것입니다.

2025년 4월 남편 전신근이 아내 제행신에게

책 속의 책
BOOK IN BOOK

우리는 여전히 모험 중입니다

-25년간 우리 삶을 수놓은
열 가지 모험 이야기-

첫 번째 모험_결혼하다

겁이 없을 때, 철들기 전에 하는 게 결혼이라더니 우리가 딱 그랬다. 결혼 자체가 불투명한 미래를 향한 하나의 모험이었다. 남편이 대학생이었고 일반대학에서 법학을 전공했지만 졸업하고 신학대학원에 가기를 원했다. 그의 꿈은 목사였다. 나 역시 임용고시를 준비하며 강사 생활을 하고 있었으니 둘 다 불안정한 상태였다. 신혼살림은 서대문역 근처 다세대주택 전세 2,500만 원짜리 옥탑방이었다. 우리는 젊었고 마냥 걷기만 해도 행복하고 좋았던 때였다.

그때 서대문역 주변에 '화양극장'이라는 오래된 극장이 있었다. 우리는 거기서 저렴한 영화를 보고, 시장통 분식을 먹고, 시간이 날 때마다 시청과 광화문 거리를 걸어다녔다. 가난으로 낭만을 만들어 내던 시절, 그게 가능했던 때였다. 남편은 대학을 졸업하고 총신대 신학대학원에 입학했다. 동시에 교회에서 중고등부 전도사로 파트타임 사역을 시작했다. 그런데 신학대학원 2학년, 사역 시작 2년 차가 되었을 때 남편은 깊은 회의에 빠졌다. 가장 주된 이유는 중고등부 아이들을 사랑할 수 없다는 것이었다. 아이들이 예쁘지가 않다며 계속 사역을 해야 할지 말아야 할지 고민이 된다고 했다. 그러다가 결국 "사역자의 길은 내 길이 아닌가 보다!"라는 결론을 내렸다.

사역을 하지 않겠다고 하니 더 이상 신학대학원을 다닐 필요가 없어졌다. 신학대학원 3년 과정 중 2년을 마친 상태였는데, 일단 휴학하고 좀 더 생각해 보기로 했다. 그때 나는 '이건 뭐지?'라는 생각이 들었다. 어차피 졸업 후에 신학을 한다니까 일단 결혼부터 한 거였는데, 그런데 갑자기 안 하겠다니! 남편이 정직한 고민을 한다는 생각이 들었지만 목사라는 꿈을 이렇게 쉽게 접을 수 있는 건지 의아했다.

남편은 모태 신앙으로 아버지도 목사님이시다. 평신도였던 두 분이 어느 날 신학을 하시고 집에서 교회를 개척하셨다. 남편이 중학교 1학년 때였다. 갑자기 다니던 교회를 나와 자기 집에서 예배를 드려야 했는데, 그게 힘들고 싫었다고 한다. 그렇게 중고등학교 시절을 보내면서 개척 교회를 하시는 부모님에게 반항하고 삐뚤어지기도 했다고 한다. 그러다 대학에 와서 선교단체에서 예수님을 인격적으로 만났고 열정적인 전도자가 되어 캠퍼스를 누비고 다녔다. 한 사람씩 전도하는 것이 시시하다며 수강생이 많은 교양 강의실에 불쑥 들어가 열변을 토하기도 했다.

그 당시 남편의 꿈은 평생 복음을 전하는 전도사였다. 성경 공부를 하고 전도하기에도 시간이 없는데 학교 다니는 시간이 아깝다며 덜컥 자퇴를 했다. 그러던 어느 날 캠퍼스에서 전도를 하다가 학교 교직원을 만나게 되었다. 그분도 선교단체 출신 신앙인이었는데 젊은 학생이 전도한다며 학교를 자퇴했다는 말을 듣고 남편을 말렸다. "학생, 전도도 좋고 주님을 위해 사는 것도 좋은데 일단 준비가 되어야지. 내가 신앙 선배로서 말하는 건데 일단 학교는 졸업하게나!" 그 당시 IMF로 인해 많은 학생이 등록금을 내지 못해서 자퇴를 당하던 상황이었다. 학교에서는 자퇴한 학생들에게 등록금을 낼 수 있는 기간을 연장해서 다시 복학할 수 있도록 기회를 주었다. 그분의 설득으로 남편은 자퇴를 취소하고 다시 학교로 돌아가 무사히 졸업할 수 있었다. 그리고 선교단체 간사가 되어 마음껏 복음을 외치며 살겠다는 꿈을 갖게 되었다.

하지만 안타깝게도 그 꿈은 좌절되고 말았다. 다름 아닌 이성교제 때문이었다. 나랑 사귀기 시작한 게 문제였다. 지금은 별 문제가 아니었지만 그때는 그랬다. 남편은 연애냐, 사명이냐를 선택해야 하는 상황에 놓였다. 거기에다 친정엄마의 반대까지 있었으니, 우리 사이에는 장애물이 많았다. 그래서 우린 여섯 번을 헤어졌다 다시 만나기를 반복했다.

보통은 사귈 때 주변 사람들의 인정이나 축복은 중요한 검증 수단이 된다. 가족이나 지인, 친구들의 반대가 너무 심하다면 이유가 있는 것이라고 생각했다. 내가 보지 못하는 모습을 주변 사람들은 보고 평가하기 때문이다. 집에서 반대하고 같이 신앙 생활을 하고 있는 공동체에서 반대하는 경우라면 무엇이 문제인지 생각할수 밖에 없었다. 그래서 많이 고민했고 헤어졌다. 그래서였을까? 그 과정이 우리 관계를 더 굳게 해 주었다. 하지만 반대 자체보다는 반대의 이유가 더 중요하다. 그때 알았다. 사람들은 그 사람을 진심으로 깊이 보고 판단하는 것이 아니라 외적인 조건을 먼저 본다는 것을. 그 당시 남편의 본모습을 아는 사람은 나밖에 없었던가 보다. 그때는 자존심도 상하고 원망도 많이 되었지만, 힘든 출발이 우리를 더 단단하게 해 주었다.

  결과적으로 남편은 선교단체를 나오고, 그가 가졌던 캠퍼스 간사의 꿈을 접었다. 대신 신학대학원에 가서 목회자가 되는 쪽으로 방향을 수정했다. 어차피 사역자가 될 거라면, 그게 더 낫겠다는 생각도 들었다. 그런데, 그랬던 남편이 갑자기 사역자 포기 선언을 하다니! 이렇게 금방 저버릴 꿈이었단 말인가? 참 알 수가 없었다.

두 번째 모험_뉴질랜드에 가다

고민이 시작되었다. 나는 임용고시에 낙방한 학원 강사였고, 남편은 신학 공부와 사역을 그만둔 상태였다. 앞으로 무엇을 해야 할지 몰랐다. 그러던 어느 날, 아는 선교사님에게 메일이 왔다. 선교사님은 선교지로 가기 전 어학 연수를 위해 뉴질랜드에 머물고 계셨다. 그분은 우리에게 간단히 안부를 물으시면서, 뉴질랜드에 올 생각이 없는지, 젊을 때 영어도 배우고 새로운 경험을 해 보는 것도 좋지 않겠느냐고 제안하셨다. 솔깃했지만 선뜻 결정하기는 어려웠다.

우리나라에서 해외여행이 완전히 자유화된 건 1989년이다. 1990년대에 들어서면서 대학생들의 해외 어학 연수, 배낭 여행이 유행하기 시작했다. 하지만 그때까지 나는 외국에 나가 본 적이 없었다. 남편도 마찬가지였다. 둘 다 비행기라곤 신혼여행때 갔던 제주도가 처음이었다. 그러니 우리에게 뉴질랜드는 대단한 모험이었다.

"우리 아직은 젊잖아. 모험을 해 볼까?"

"아이도 없는데 지금 아니면 우리가 언제 해외에 가 보겠어?"

"그럼 전세금 다 털고 돈을 긁어모아 떠나야 하는데 불안하지 않아?"

"영어도 배우고 외국 경험도 하고 혹시 모르잖아. 새로운 길이 열릴지?"

"그러고 나면 가지고 있던 돈을 탕진하게 될 텐데 그다음은 어쩌지?"

대학생도 아니고 결혼한 두 사람이 무작정 뉴질랜드로 가 보자는 발상이 무모하긴 했다. 하지만 뭔가 기대되고 재미있어 보였다. 무엇보다 남편이 앞으로 뭘 해야 할지 길을 잃은 상태라 뭔가 계기가 필요했다.

우리나라 교육 환경에서 대부분의 학생은 대학에 들어갈 때까지 앞만 보고 달린다. 자신에 대해 고민하고 탐색해 볼 여유 없이 입시를 치르는 데 올인하고 대학에 간다. 우리도 대학만 가면 멋진 미래가 저절로 펼쳐질 줄 알았는데, 그렇지 않았다. 그나마 그 전까지는 '대학 입시'라는 구체적인 목표가 있었지만 이제는 각자 다른 자기만의 길을 찾아야 한다. 고등학교까지는 불투명한 미래에 대한 불안, 자신의 정체성에 대한 고민을 공부한답시고 꾹꾹 눌러 두었다가 대학생이 되어서야 고민을 시작하려니 방황조차 낯설고 당황스럽다. 거기에다 신앙적 방황까지 겹치면 더욱 혼란스럽다.

나는 예수님을 몰랐다가 대학에 가서 믿게 되었지만, 어렸을 때부터 교회에서 자라 온 친구들의 방황은 한층 더 심해 보였다. 그들이 그동안 믿고 배워 왔던 가치관이 무너지면서 더욱 혼란을 겪는 것 같았다. 고등학교 때까지 착하고 신앙 좋은 아이들이 대학에 와서 신앙을 떠나는 경우를 보았다. 남편처럼 기독교 신앙에 저항하고 반항하다가 대학 와서 하나님을 다시 만나는 경우도 있고 말이다. 고민 없이, 방황 없이 어떻게 자신과 하나님에 대해 알 수 있을까? 그것을 누른다고 사라지는 것이 아닌데도 우리나라는 교육도, 신앙도 일방적인 가르침만 주고 있다. 언젠가 터질지 모르는 폭탄을 안은 채.

게다가 남편은 가난한 개척 교회 목사님 가정에서 자랐다. 그를 보니 목회자 자녀로서 받는 압박과 상처가 상당히 커 보였다. 그는 천성적으로 자유롭고 유쾌한 사람이지만 그런 모습이 실제 삶에서는 좀 부자연스럽게 나타났다. 자기가 편하고 좋은 사람 앞에서는 누구보다 유머러스하고 다정했지만, 형식적인 자리나 불편한 사람 앞에서는 경직된 모습을 보였다. 내가 봐도 교회에서 보는 남편은 내가 아는 남편 같지 않고 어딘가 부자연스러웠다. 대학에 와서 예수님을 깊이 만나고 사역자로서의 열정은 가득했지만, 사람을 대하는 모습은 여전히 어색해 보였다.

그런 면에서 뉴질랜드행은 우리 인생의 터닝 포인트였다. 무엇보다 나는 남편의 변화를 보았다. 내가 보기에 그는 매이는 것 없이 실컷 놀아 보는 경험이 필요했던 것 같다.

전도사라는 옷도 벗고, 목회자 자녀라는 것도 잊고, 무엇을 해야 한다는 강박이나 의무감도 내려놓은 시간, 뉴질랜드에서의 11개월은 그런 시간이었다. 외국이라는 새로운 환경에서 자유로운 신분으로 다양한 나라에서 온 사람들을 만나고 많은 경험을 했다. 나는 개인적으로 외국인들과 사귀는 게 좋았다. 외국인들을 만날 때면 그 사람 자체로 만나는 느낌이 들었다. 그가 가진 이력이나 배경으로가 아니라 마주한 그 순간 편견 없이 사람을 만나는 경험, 그런 게 참 좋았다.

나의 첫 해외 여행지, 뉴질랜드의 삶이 참 마음에 들었다. 그래서 그곳에서 더 살고 싶었다. 학원에서 내가 수학을 가르치면서 비자를 받고 둘 다 일을 하면 가능할 것도 같았다. 그런데 내 눈에는 평생 살아도 좋을 것 같던 그 땅이 남편의 눈에는 마음에 들지 않았나 보다. 남편은 "여긴 나의 땅이 아니야!"라며 한국으로 돌아가고 싶어했다. 처음으로 우리는 의견이 갈렸다. 나는 뉴질랜드가 좋았던 것도 있지만 한국에 돌아갈 일이 더 막막했다. 이제는 돌아가는 일이 더 큰 모험처럼 느껴졌다. 각자 원하는 게 다른 상황이라 우리 둘 다 조금씩 양보하기로 했다. 한국으로 돌아가되, 한 학기를 더 머물기로 결정했다.

'뉴질랜드가 얼마나 좋아? 자연도 아름답고 여기에서는 성실하기만 하면 살아갈 수 있을 것 같은데!' 그렇게 내가 미련을 버리지 못하고 있을 때 몸이 점점 이상해지는 걸 느꼈다. '왜 이렇게 피곤하고 힘든 걸까?' 졸음이 쏟아졌다. 알고 보니 임신이었다. 놀랐지만 기뻤다. 그때가 결혼 3년 차였고, 우리 상황이 안정될 때까지 계속 임신을 미루고 있던 상태였다. 더 늦으면 안 되겠다고 생각하던 차에 아이가 생긴 것이다. 임신을 하자 내 마음도 변했다. 불안정한 상태로 외국에 머무는 것보다는 한국으로 돌아가는 편이 낫겠다는 생각이 들었다. 다행히 그때부터 뉴질랜드에 대한 미련이 사라지기 시작했다. 빨리 한국으로 돌아가고 싶어졌다. 돌아가서는 남편이 직장을 구하고, 친정에서 머물며 아이를 낳고 키울 생각이었다. 그리고 돈이 모아지면 독립하자는 것이 우리 계획이었다.

신학 공부는 완전히 포기하고, 평신도로 살아가기로 했다. 뉴질랜드에서 경험한 형제 교회에 대한 인상이 매우 좋았다. 평신도 사역자로 교회를 섬기는 모습이 더 매력적이고 바람직해 보였다. 그런 우리 계획이 꽤 괜찮다고 생각했다.

그런데 전혀 상상하지 못한 일이 일어났다. 임신 초반에 그렇게 힘들고 피곤하더니 한국으로 오기 얼마 전부터 임신 증상이 사라졌다. 나는 내가 건강해서 그런 줄 알았다. '임신도 별거 아니네. 난 임신 체질인가?' 하면서 한국에 돌아가기 전까지 열심히 놀았다. 뉴질랜드에서는 병원 방문을 미루고 있다가 한국에 오자마자 산부인과에 갔다. 임신 15주 정도였기에 아이가 어느 정도 컸을 거라는 생각에 기대가 되었다. 그런데 의사가 초음파를 보더니 안타까운 목소리로 말했다. "아기 심장이 뛰지 않습니다." 유산이었다. 나는 임신 15주까지 입덧도 없고 특별한 증상이 없어서 아무 문제가 없는 줄로만 알았다. 의사 말로는 초음파상으로는 아기가 6-8주 사이에 유산된 것으로 보인다고 했다.

갑자기 모든 게 정지 화면처럼 느껴졌다. 충격이 너무나 컸다. 우리 부부에게 일어난 첫 시련이었다. 후회와 자책감이 밀려왔다. '내가 몸을 조심하지 않았나?' '임신을 너무 쉽고 가볍게 여겼던 걸까? 결혼하고 피임을 하면서도 우리가 원한다면 언제든 아이를 가질 수 있을 거라고 생각했다. 너무 자만했던 걸까, 생명은 그렇게 우리 마음대로 되는 게 아니었다.

모든 것이 다시 원점으로 돌아갔다. 왜 그런 일이 일어났는지 이해할 수 없었다. 너무 혼란스러웠다. 충격 속에서 우리 인생에 대한 하나님의 뜻이 무엇인지, 우리가 아닌 주님이 우리에게 원하시는 게 무엇인지 묻게 되었다.

일단 남편이 직장을 구하기로 했다. 그런데 회사 면접을 보겠다고 서류를 들고 집을 나섰던 남편이 다시 집으로 돌아왔다. 지하철을 갈아타려고 삼각지역에 내렸는데, 다음 지하철을 기다리면서 잠시 생각에 잠겼다고 한다. 자기 앞에 놓인 인생의 길을 고민하다가, 그 자리에서 방향을 바꾸기로 결심한 것이다. 신학교로 돌아가 다시 사역의 길로 가겠다는 결정이었다. 남편의 결정에 조금 허탈하기도 했다. 다시 같은 길로 되돌아가는 기분이었다. 물론 예전과는 달라진 느낌이었지만 말이다. 그다음부터는 모든 일이 빠르게 진행되었다. 신학대학원에 다시 등록했고 이력서를 넣은 교회에서 연락이 왔다. 게다가 나는 유산한 지 4개월 만에 다시 임신을 했다.

남편은 신학대학원에서 남은 1년을 공부하고, 졸업 후에는 강도사가 되었다. 그런 남편의 모습이 좋아 보였다. 아이들을 대하면서 즐거워 보였다. 그 당시에 만났던 아이들이 벌써 30대 중반이 넘었지만, 아직도 친밀한 관계로 이어지고 있다. 남편에게 분명 변화가 있었다. 뉴질랜드에서 무슨 일이 있었던 걸까? 딱히 특별한 사건은 없었다. 그런데도 그 시간이 우리에게 변화를 주었다. 굳이 표현한다면, 붙잡고 있던 무엇을 놓아 본 경험이라고 해야 할까? 한 번도 벗어난 적 없던 울타리를 넘어 본 것, 두려움의 벽을 하나 넘은 것, 그러고 나서야 알게 되었다. 그 벽이 사실 아무것도 아니라는 것을 알았다. 우리 인생이 무언가에 던져졌다는 그런 느낌이었다.

인생은 모험이다. 아무리 안정되고 보장된 길인 것 같아도, 막상 가 보면 전혀 다른 길이 펼쳐진다. 아무것도 보이지 않고, 알 수 없는 미래지만 앞으로 한 걸음 내딛는 순간 길이 생긴다. 물론 그 길이 평탄하고 편안한 길이 아닐 수도 있다. 혼자가 아닌 둘, 부부가 함께여서 더 쉬웠는지도 모른다.

세 번째 모험_미국 유학을 가다

언제 부터인가 우리 부부의 삶은 우리의 선택 너머에 있는 의지에 따라 움직이고 있다. 한 번도 꿈꾸지 않았던 것, 계획하거나 준비하지 않았던 일이 현실이 되어 일어났다. 누군가는 "열심히 기도하면 이루어진다" 말하지만, 무엇을 위해 기도해야 한단 말인가? 내일 일을 알 수 없으니 무엇을 바라고 기대해야 할지 모르겠다. 나는 나에게 가장 좋은 일이 무엇인지 모르고, 무엇이 필요한지도 잘 모른다. 다만 지금 이 순간, 내가 존재하는 모습이 어떠해야 하는지에 대해 구할 수밖에 없다.

미국 유학이 그랬다. 친정에 살면서 나는 한창 육아 중이고, 남편은 신학대학원을 졸업하고 교회 파트타임 사역을 하고 있었다. 그 당시 우리 부부에게는 더 깊이 하나님을 만나고 싶다는 갈망이 있었다. 아무래도 그 마음은 뉴질랜드에서의 경험이 크게 작용했다. 한국에서 태어나고 자라 이 근방을 벗어나 보지 못했던 나, 목포에서 자라 서울로 올라온 남편, 우리 둘 다 처음 머나먼 해외로 간 것이 뉴질랜드였다. 첫 시도였기에 두려웠지만, 그 모험이 우리를 좀 더 유연하게 만들어 주었다. 우린 아직 젊었고 어딘가에 정착하기에는 더 많은 경험과 배움이 필요하다고 느꼈다.

그때쯤 예수원의 대천덕 신부님의 간증을 읽으면서 질문이 생졌다. 신부님이 하나님의 인도하심에 붙잡혀서 가게 된 지점, 신앙적 회심, 영적 도약에 관한 내용이었다. 대천덕 신부님은 그 일에 대해 구체적으로 설명하지 않았지만 나는 그것이 '실재하신 하나님을 만나는 경험'이라고 생각했다. 성령 충만함, 하나님과의 깊은 만남, 우리 인생을 하나님에게 온전히 드릴 수 있는 확신 같은 것 말이다. 우리에게는 그 확실한 무엇에 대한 경험이 필요했다. 믿는다고 고백하면서도 너무 피상적이라는 생각이 들었다. 더 깊이 하나님을 알고, 확신하는 경험을 하고 싶었다. 그러던 중 남편 친구가 그에게 남아프리카공화국이나 미국 사우스웨스턴신학교로의 유학을 권했다. 그 말에 남편은 미국 텍사스에 있는 사우스웨스턴신학교를 알아보기 시작했다. 유학을 가고 싶다기보다는 새로운 경험을 하고 싶었다. 친정살이도 부담이 되어서 독립을 하고 싶던 차였는데, 그게 유학이 된 것이다.

돌아보면 인생이 어찌 이리 꼬이고 막힐까 싶은 순간들이 있다. 도대체 이 광야는 끝날 기미가 보이지 않는다. 언제, 어떤 길이 나타날지 모르지만 그럼에도 이 방향이 우리의 최종 목적지를 향한다는 믿음이 있다면 걸어갈 만하다. 그러다 순풍까지 만나면 신이 난다. 우리 삶에도 그런 순풍을 만났던 때가 있었으니, 그것이 2005년에서 2007년 사이 남편이 미국 유학을 갔던 시절이었다.

2005년만 해도 비자를 받기가 쉽지 않았다. 우리나라는 2008년 11월부터 무비자로 미국 방문이 가능해졌다. 그전까지는 입학 허가를 받아도 학생비자가 나오지 않아 결국 미국 유학을 포기하는 사람들이 꽤 있었다.

우리는 유학을 갈 생각도 없었고 영어에도 별로 흥미가 없었다. 결혼하고 20대 후반에 어쩌다 뉴질랜드에 가게 되면서 처음으로 영어권 나라에 살아 본 것이 전부였다. 그때 처음으로 영어가 재미있다는 생각이 들었다. 문법과 암기 위주의 영어 공부는 따분하고 어려웠지만 사람을 만나 소통하며 배우는 영어는 재미있었다. 언어는 학문이 아니라 다양한 세계로의 지평을 넓혀 주는 흥미로운 수단이었다. 유학에 대한 큰 꿈이 있던 것도 아니었는데, 막상 준비하려니 능력이 부족해 보였다. 그래서 일단 마음을 편하게 먹었다. 시도해 보고 안 되면 어쩔 수 없지, 하는 생각이었다. 그런데 일이 술술 풀렸다. 남편의 토플 학원비와 비자 준비할 만큼의 돈이 생겼다. 토플 시험도 딱 한 번 봤는데, 커트라인에 걸려 통과했다. 그때는 신기하게도 한 걸음 걸으면 그다음 길이 열렸다. 그런데 순풍은 거기서 끝나지 않았다.

15개월된 딸 은혜를 안고 미국 공항에 도착했을 때였다. 학교에서 보낸 한국인 형제가 공항으로 마중을 나왔다. 짐이라고는 캐리어 몇 개가 전부인 우리가 학교 기숙사에 도착했을 때, 사방은 깜깜했다. 어찌 된 일인지 밖에 돌아다니는 사람이 한 명도 없었다. 가족 단위로 머무는 기숙사는 한 채씩 분리되어 있었다. 우리가 도착한 기숙사는 방이 두 개인 집이었다. 거기에는 작은 냉장고와 가스오븐레인지가 하나씩 있을 뿐 침대도, 소파도, 테이블도 하나 없이 텅 빈 공간이었다. 전기와 수도도 잠긴 상태였다. 가방에는 아기 용품과 옷 몇 벌, 꼭 필요한 것들만 챙겨온 상태라 담요 한 장도 없었다. 긴 비행으로 지쳐 있던 우리는, 아기를 안고 당장 전깃불을 켜고 물을 나오게 하려면 어떻게 해야 할지 몰라 당황스러웠다. 공항에 마중 나왔던 청년도 잘 모르긴 마찬가지였다. 싱글 기숙사는 단체생활을 하는 건물이라 개인이 그런 것들을 해결할 필요가 없다. 우리처럼 가족 단위 개별 기숙사와는 달랐던 모양이다. 그때 갑자기 우리 집 건너편에 머물고 있던 미국인 청년이 다가왔다. 들어오는 길에 차를 주차하면서 우리를 보았다고 한다. 우리 상황을 보고 그 청년이 주변 기숙사에 살고 있는 학생들을 하나둘 부르기 시작했고, 대여섯 명의 남녀 학생이 나타났다. 금방 전기를 손보고 수도를 열어 주었다. 그리고 각자 자기 집에서 당장 필요한 물건들을 가지고 왔다. 에어메트리스, 담요, 먹을 음식, 당장 필요한 식기류, 거기다 마트에 가서 아기 기저귀랑 아기 용품까지 사들고 왔다. 저녁을 먹지 못한 우리에게 간단한 멕시칸 요리도 만들어 주었다. 이 놀라운 광경에 우리는 어떨떨하기만 했다.

낯선 땅에 처음 나타난 이방인 가족에게 베풀어 준 환대가 그 땅이 우리에게 준 첫 인상이었다. 우리를 환영하고 축복하고 안아 주는 느낌, 참 따스한 경험이었다. 나중에 알게 되었는데, 그런 모습이 미국에서도 일반적인 건 아니라고 한다. 일단 사람들이 외출을 잘 하지 않아서 그런 도움을 받기가 쉽지가 않다고 한다. 우리도 그 후로는 그 청년들을 거의 만나지 못했으니 말이다. 건너편 가까운 곳에 살지만 다들 공부하고 사역하고 일하느라 바빠서 마주칠 기회가 없었다. 미국이라는 땅, 어디 기댈 곳도 없는 그곳에서 우리는 그렇게 많은 것을 경험했다.

한번은 차가 고장이 나서 인적이 드문 곳에 멈추어 섰는데 갑자기 차 한 대가 우리 옆에 멈추었다. 미국인이었는데 우리를 보더니 자신의 차 트렁크를 열어 선을 꺼내 우리 차와 연결하여 배터리를 충전해 주었다. 한국이라면 보험 회사를 부르거나 다른 해결 방법들이 떠올랐겠지만 그 당시에는 휴대전화도 없었고, 도움을 청할 곳도 없었다. 처음 정착할 때도 필요한 물건들이 많았는데, 그때마다 하나씩 채워지는 것을 경험했다. 하나님의 도우심은 우리가 통제할 수 없는 상황에서 더 많이 경험하게 된다.

미국에 온 지 얼마 되지 않아 아르바이트랑 사역지가 연결 되었다. 한인 식당에서 남편이 홀서빙을 하게 되었고, 그곳에 손님으로 오신 목사님의 교회에 연결되어 사역을 하게 되었다.

처음 한국을 떠날 때 느꼈던 두려움과 낯선 곳에 대한 걱정은 점점 사라지고, 날마다 신나는 일이 벌어졌다. 모든 일이 순조롭게, 우리 삶에 우호적으로 다가오는 것만 같았다. 한국에 있을 때는 집 안에서 홀로 아기랑 온종일 갇혀 있었는데 미국에 오니 육아가 더 쉬워졌다. 기숙사 문을 열면 사람들을 만날 수 있었다. 미국 교회는 아기 엄마들의 사정을 잘 배려해 줘서 모임에 참석할 의사만 있다면 아이들을 돌봐 주었다. 주변에는 친절한 이웃이 많았다. 옆집에 살던 미국인은 부모님이 일본 선교사여서 고등학교 때까지 일본에서 살았다고 한다. 그래서인지 동양인 친구를 정말 좋아했다. 그 친구랑 이야기하며 같이 음식도 만들어 먹고 아이들도 돌봤다. 그들 덕분에 생활 영어도 조금씩 늘어 갔다. 한 친구는 네 아이를 집에서 홈스쿨링하고 있었는데 매주 그 집에 놀러가기도 했다. 혹시라도 내가 부끄러워할까 봐 언제나 먼저 나를 초대해 주었다. 그들뿐 아니라 남미에서 온 히스패닉 친구, 일본인 친구 등, 모두가 나를 환영해 주었다.

살다 보면 삶이 나를 외면하는 것 같고, 사람들이 불친절하게 느껴질 때가 있다. 반면 모두가 나에게 우호적이고 친절하게 다가오는 때도 있다. 미국에서의 유학 생활, 남편이 공부하던 2년간의 시간이 그랬다. 마치 삶이 우리에게 미소를 보내는 것만 같은 시간이었다. 주변에서도 신기했는지, 기도를 많이 하고 온 것 같다며 부러워했다. 과연 우리가 준비하고 기도해서였을까? 기도를 많이 한 것도, 준비를 잘 한 것도 아니었다. 그게 인생의 그래프인가 보다.

얼마 후 우리를 돕던 순풍은 딱 멈추었다. 그때부터는 긴긴 광야의 터널이 끝도 없이 펼쳐졌다. 이제 와 생각해 보면, 삶의 순풍도 역풍도 내게서 오는 것이 아니었다. 내가 뭘 잘해서 일이 풀리는 것도 아니고, 잘못해서 힘든 길을 걷는 것도 아니다. 물론 아무런 상관이 없다고 명확하게 말할 수는 없지만, 적어도 내가 그것을 만들어 낼 능력이 없다는 건 확실하다. 이 모든 일이 하나님의 섭리와 계획 가운데 일어나는 것이었다. 그래서 인생에 순풍이 불 때는 감사하고 겸손해야 한다. 분명한 건 그런 순풍조차 우리의 노력이나 공이 아니라는 것이다. 그런데 그때는 그 진리를 잘 몰랐다.

결혼하고서는 옥탑방, 뉴질랜드에서는 벼룩이 나오는 기숙사, 한국에 와서는 친정살이까지, 이런 장소를 전전하다가 처음으로 우리만의 제대로된 집이 생겼다. 우리 부부와 아이가 살기에는 좋은 집이었다, 주어진 것들에 감사했고, 주변과 나누어야겠다는 마음도 들었다. 되도록 사람들을 많이 초대하고 베풀려고 했다. 그런데 그런 마음이 지속되지가 않았다. 시간이 지날수록 내가 누리는 것들이 당연하게 느껴지고, 불평이 생기기 시작했다.

돌아보니 그때는 후회되고 아쉬운 점이 많은 시간이기도 하다. 관계의 소중함을 더 알았더라면, 조금 더 나눌 수 있었더라면, 조금 더 겸손했더라면……. 그럼에도, 그 시절 사진 속 그대들은 아직 어리고 미숙하기만 한 청춘들, 그리움 반, 아쉬움 반! 그래도 아름다웠던 우리다.

네 번째 모험_그냥 떠나자고? 어디로?

남편은 2년간 공부하여 기독교교육학 석사 과정을 마쳤다. 그 사이 둘째 요한이가 태어났다. 졸업이 다가오자 계속 공부를 할 것인가, 한국으로 돌아갈 것인가 고민이 시작되었다. 박사 과정에는 별 뜻이 없었지만 그냥 돌아가기에는 아쉬웠다. 미국에 오기 전에 내가 기대했던 신앙적인 도약 같은 것도 없었다.

졸업 후 1년간 비자를 더 연장할 수 있었다. DTS훈련이라도 받으면 좋겠다고 생각했다. 그런데 4인 가족이 가기엔 비용이 만만치 않았다. 무엇보다도 그렇게 만들어진 틀 안에서의 훈련으로는 진짜 모험을 할 수 없을 것 같다는 생각이 들었다. 우리에게는 좀 더 야생의 날것이 필요했다. 그래서 무작정 떠나 보기로 했다.

무엇이 우리를 그렇게 움직였을까? 아직도 그렇게 떠나게 된 이유와 목적을 모두 이해할 수는 없다. 누가 우리에게 가라고 하거나 어디에서 오라고 한 것도 아니었다. 그러던 어느 날, 익명의 편지 한 통이 날아왔다. 우체통 안에 낯선 봉투가 있었다. 이름도, 어떤 설명도 없이 그저 "예레미야 29장 11절"이라고만 쓰여 있는 봉투 안에는 500달러가 들어 있었다. 필체를 보니 외국인인데 누군지는 전혀 알 수 없었다. 그런데 놀라운 것은 500달러라는 액수였다. 만약 떠난다면 살림을 정리해야 했다. 그때 가구들과 살림살이를 팔면 500달러 정도는 모을 수 있을 거라고 예상하고 있던 참이었다. '그것을 팔아 여행에 보태야 할까, 팔지 말고 주변 유학생들에게 나누어 주어야 할까?' 고민을 하던 중이었다. 다들 가난한 유학생이라 마음 같아서는 그냥 나누어 주고 싶었는데, 그 순간 500달러가 생기다니! '돈까지 받았으니 떠나라는 뜻인가?' 하는 생각이 들었다.

봉투 안에 적혀 있던 예레미아 29장 11절 말씀이다.

너희를 향한 나의 생각을 내가 아나니 평안이요 재앙이 아니니라 너희에게 미래와 희망을 주는 것이니라.

그때는 '미래, 희망'이라는 단어가 눈에 들어왔고 왠지 모험을 시작하면 곧 하나님이 놀라운 길로 인도하실 것 같은 기대가 생겼다. 그래서 떠나기로 결심했다. 전에는 갈 곳이라도 분명했는데 이번에는 목적지가 없는 여행이었다. 38개월, 7개월의 아이 둘을 데리고 차 안에 짐을 구겨 넣었다. 텍사스에 있던 거처를 정리하고 물건들을 주변 사람들에게 다 나누어 주었다. 4,000달러가 우리가 가진 전부였다. 무슨 배짱이었는지, 하나님이 우리에게 금방이라도 갈 길을 보여 주시고 인도해 주실 것만 같았다. 지난 모험들이 긍정적인 학습 효과를 낳았나 보다. 불안과 두려움을 덮을 만큼 하나님의 인도하심에 대한 기대가 있었기에 용기를 낼 수 있었다.

우리는 텍사스에서 아칸소로 애틀랜타와 테네시, 사우스캐롤라이나, 노스캐롤라이나를 거쳐 뉴욕까지 갔다. 텍사스에서 뉴욕까지 그 까마득한 거리를 무슨 정신으로 갈 수 있었는지 아직도 잘 모르겠다.

오래된 중고차를 타고 남편은 하루에 7시간 이상씩 운전하며 미국의 도로를 누볐다. 내 발밑에는 전기밥솥이 있었고, 뒷자리에는 7개월 된 요한이를 위한 모빌까지 달아 두었다. 우리는 무엇을 찾아 그토록 길을 나섰던 걸까? 그렇게 달리며 우리의 가슴은 설렘과 무너짐을 반복했다.

미국의 동부 라인을 따라 각 주들을 지나며 우리가 경험한 일들은 온통 기적과 간증거리들이었다. 생면부지의 사람들에게 받은 도움들, 인적 없는 곳에서 차가 멈추었을 때 받았던 호의, 음료수 살 돈만 가지고 들어간 맥도날드에서 매니저가 먹고 싶은 것을 모두 고르라며 챙겨 준 일, 기도원에서 만난 이름 모를 부부가 건넨 돈 봉투, 낯선 이들의 초대 등등, 우리가 길 위에서 경험한 일들은 믿기 힘들 만큼 신기하고 놀라운 순간들이었다.

어쩌다 보니 우리 가족만의 DTS를 하고 있는 것 같았다. 이런 경험을 해 볼 수 있음에 감사했지만, 마음은 점점 무거워졌다. 하나님의 동행하심을 느끼면서도 말이다. 광야를 걷던 이스라엘 민족이 그랬을까? 그때그때 하나님이 공급해 주시는 기적이 있었지만 그것만으로는 충분하지 않았다. 그들이 원하는 것은 떠돌이 생활이 아니었을 것이다. 우리도 그랬다. 어딘가 안전한 보금자리를 찾아 정착하고 싶었다.

정처 없이 동부 라인을 따라서

가는 곳마다 잠시 머물다 떠나기를 반복했다. 동부 라인을 타고 올라가 끝 지점을 찍으면 뭔가 답이 보일 것만 같았다. 그 너머 캐나다까지 갈 수는 없었으니 말이다. 구체적인 목표는 없었지만 뭔가 찾고 싶다는 절실함이 있었다. 문제는 그 절실함의 실체가 무엇인지 몰랐다는 것이다. 무엇에 홀렸던 걸까? 텍사스를 출발해 아칸소의 어느 기도원에서 하룻밤, 애틀랜타, 테네시, 사우스캐롤라이나, 노스캐롤라이나를 지나며 그때마다 보이는 숙소에서 잠을 했다. 그때가 2007년이었는데, 지도랑 차에 달린 GPS만을 의지한 채 달리고 또 달렸다.

가지고 있던 4,000달러는 곧 바닥이 보였다. 중간중간 한인 교회들을 들렀고 내심 그중 어딘가에 정착할 수 있지 않을까 하는 기대도 있었다. 기회가 전혀 없던 건 아니었다. 애틀랜타에서는 우연히 어떤 목사님을 만났는데 그분이 함께 사역을 하자고 제안하셨다. 비자를 해결하는 방법과 영주권을 받을 수 있도록 도와주시겠다고도 하셨다. 알고 보니 그분은 우리가 떠나 왔던 텍사스에서 남편이 사역했던 교회의 이전 담임목사님이셨다. 우연치고는 놀라웠다. 여행한 지 며칠 되지 않아 일어난 일이었다. 나는 그 제안이 매우 호의적으로 들렸다. 그러나 남편은 생각이 달랐다. 고민해 보겠다더니 그 제안을 거절하고 다시 길을 떠났다.

남편을 이해하기 힘들었다. "아니"라는 결정만 하고 다음 대안은 없는 남편, 정말 대책이 없는 사람이다. 돈은 떨어져 가고 마음은 초조해졌다. 아무래도 뭔가 잘못되어 간다는 생각이 들었다. 이런 여행을 계속 하는 것이 맞는 건가 싶기도 했다. 버지니아를 지날 때였다. 마침 주일이라 어떤 큰 한인교회에서 예배를 드렸다. 둘째 아이가 칭얼거려서 아이를 안고 예배당 로비에서 화면을 통해 말씀을 듣고 있었다. 광야를 지나는 이스라엘 사람들에 대한 설교였다. "벼랑 끝(엣지)에 선 무서운 사람들"이라는 말이 귀에 선명하게 들려왔다. 몹시 놀랐다. 하나님이 우리에게 길을 계속 가라고 말씀하는 것만 같았다.

우리는 점점 더 북동쪽을 향해 올라갔다. 뉴욕을 찍고 롱아일랜드까지 갔다가 보스턴에 도착했다. 모텔이 보이면 거기에서 머물고 한인 교회를 만나면 그곳에서 예배를 드렸다. 젊은 부부가 어린 두 아이를 데리고 그렇게 다니니 다들 관심을 보였다. 사람들은 우리 가족의 여행을 신기해했다. 사실 오해도 많이 받았다. 우리가 굉장히 돈이 많은 부부, 혹은 부모 돈으로 여행하는 철딱서니 없는 괴짜 부부로 말이다. 누가 돈도 없이, 그것도 어린 아이들을 데리고 그런 무모한 짓을 하겠는가?

보스턴까지 올라가니 더 이상 갈 수가 없었다. 더 올라갈 힘도,

여유도 없어진 우리는 그곳에서 남편의 친구 목사님을 만났다. 그분이 남편에게 미국 유학을 가라고 권했던 이지형 목사님이다. 남편이랑은 신학대학원 동기로 그때부터 지금까지 이어지는 친구 사이다. 그분의 신혼집이 보스턴 하버드대학 근처에 있었고 우리를 선뜻 그 집에 머물도록 해 주었다. 너무 고맙고 미안했다. 텍사스는 땅도 넓고 집도 컸는데 보스턴은 완전히 달랐다. 조밀조밀 붙어 있는 옛날식 건물들은 서울 한복판에 있는 빌라촌만큼이나 좁고 붐볐다. 신혼부부가 기꺼이 내어 준 방에 네 명의 식구가 들어가 며칠을 머물렀다. 아무리 친한 친구라도 이건 너무 실례라는 생각에 우리는 서둘러 다른 장소를 구했다. 보스턴 동부의 어느 시골 마을, 시츄에이트 하버(Scituate Harbor)라는 곳이었다. 바닷가의 통나무집을 한 달간 빌릴 수 있었다. 이제는 더 이상 떠돌아다닐 수 없을 것 같았다.

보스턴 바닷가에서, 바닥을 찍다

그 집은 백 년 된 통나무집으로, 베란다에서 바로 바다가 보이는 멋진 곳이었다. 여름이면 사람들이 몰려오는 휴양지였는데 추운 겨울이라 찾는 이가 없으니 집이 동파될까 봐 주인이 아주 싼 값에 빌려 준 것이었다. 아는 사람도 없고 갈 데도 없는 한적한 마을이었다. 거기에서 지내면서 하루하루 마음이 무너져 내렸다. 앞으로 뭘 해야 할지, 대책도 없고 돈도 없었다. 머나먼 외국 땅에서 우리가 왜 그러고 있는지 답답했다.

  우리가 머물렀던 시츄에이트 마을은 아름답기로 유명한 곳이다. 근처에는 플리머스, 메이플라워 같은 매사추세츠의 중요한 역사적 도시도 있었다. 하지만 우리는 어디에도 가 볼 생각조차 하지 못하고 그냥 그 자리에서 바다만 쳐다 보고 있었다. 바다는 눈부시게 아름다웠다. 백사장에 펼쳐진 모래와 돌조차 고운 빛깔로 반짝거렸다. 하지만 마음이 무거우니 그 아름다운 풍경조차 즐겁지가 않았다. 찰랑거리는 파도 소리가 슬픈 노래처럼 들렸다. '주님, 바다는 저리도 아름답건만 우리는 왜 이렇게 슬프고 초라한 걸까요?'

  밤바다는 너무 무서웠다. 낮에는 잔잔하고 고요하던 바다가 밤이면 바람이 거세져서 통나무집을 흔들어 댔다. 아무리 백 년 넘게 끄떡없이 버텨 온 집이라지만 파도가 창문을 내리치며 요란한 소리를 내면 정말 무섭고 겁이 났다. "혹시 무너지는 건 아닐까?" 걱정되어 남편에게 몇 번이나 물었다. 시간은 흐르는데 다음 달 렌트비도 없고 어딘가로 가야 하긴 할 텐데 길이 보이지 않았다. 막막했던 어느 날 밤, 그 어두운 거실에 홀로 앉아 무릎을 꿇었다. 먼 미래에 대한 걱정은 둘째 치고, 당장 우리가 어떻게 될지, 생존해서 돌아갈 수 있을지가 걱정되었다. 어린아이들을 데리고 도대체 이게 무슨 짓인지, 왜 이렇게 무모하게 떠나왔는지 후회되었다.

  "하나님, 우리 요한이 기저귀 걱정하지 않게 해 주세요! 우리를 이 상황에서 건져내 주세요!" 고작 기저귀 타령이라니! 지금 생각하면 조금 웃기긴한데, 왜 그랬는지 그때는 그것이 가장 절실했다. 당장 필요한 생필품 중에서 가장 비싼 것이 기저귀라서 그랬을지도 모른다.

'내 머리로는 아무 대책이 없지만 하나님은 뭔가 하시지 않을까? 하나님이 도와주신다면 가능하지 않을까?' 이것이 믿음인지 모르겠지만 어쨌든 신앙생활을 하면서 배워 온 바로는 그분이 우리를 구해 주셔야 했다. 만약 주변에 누군가에게 어려움이 닥친다면 우리는 이렇게 말할 것이다. "너무 걱정 마세요. 기도할게요! 하나님이 분명히 도와주실 거예요." 우리는 하나님을 그런 분으로 알고 있다. 그렇게 알고 있는 건 거짓이 아니기에 또 그렇게 말할 수도 있다. 하지만 그게 어떤 믿음일까? 하나님이 어떤 분인가에 대한 나의 믿음은, 내가 경험한 믿음이었던가, 아니면 그냥 그렇게 들어 알게 된 믿음일까?

어둔 밤 거실에서 혼자 마음이 무너져 버렸다. 울음이 터져 나왔다. 가진 돈이 몇 백 달러 이하로 떨어지자 끝이라는 생각이 들었다. '혹시 이러다 죽는 게 아닐까? 우리가 과연 생존할 수 있을까? 왜 이렇게 대책도 없이 이런 고생을 자초한 건지, 어린 두 아이를 데리고 이게 무슨 짓인지, 별의별 생각이 다 들었다. 가장 큰 문제는 앞으로 뭘 해야 할지 모른다는 것이다. '아, 이제 곧 바닥이구나!' 이런 생각뿐이었다.

이런 암울한 상황에서 아무것도 하지 않는 남편을 이해할 수가 없었다. 아마 지금까지 살면서 남편이 미웠던 순간을 뽑으라면 다섯 손가락 안에 드는 사건 중 하나가 바로 그때일 것이다. 남편은 그 와중에 아무것도 안하고 바닷가를 걷기만 했다. 방파제까지 가서는 "주님, 만나 주세요!"라고 했다는데 언제까지 그러고 있을 건지 도통 움직일 생각을 하지 않았다.

지금 생각하면 정말 창피한 일이지만 그때 너무나 절박한 나머지 로또를 샀다. 도와줄 사람도, 아는 사람도 없으니 하나님이 우리에게 로또를 통해 돈을 주실지도 모른다고 생각했다. 막상 로또를 사고 나니 하나님도 그렇게 하실 거라는 생각이 들었다. 사람이 이상해지는 건 한순간이다. 그다음부터는 상상에 망상이 더해졌다. 로또가 당첨될 경우를 대비했다. 무엇을 해야 하는지, 어디로 가고 그 돈을 어떻게 보관할 건지, 심지어 누군가가 우리의 당첨금을 노리게 되는 경우까지 생각해 보았다. 둘이 온종일 얼굴을 맞대고 "만약 로또가 된다면……"이었다.

당연한 결과였지만, 로또는 불발이었다. 이럴 수가! 그때는 그게 충격이었다. 로또가 안 된 것도 충격, 로또를 기대했던 우리 자신에게도 충격이었다. 평소에 나는 '인생역전'이나 '대박'이라는 말을 싫어했다. 로또 사는 걸 좋게 보지 않았고 사 본 적도 없다. 그렇게 쉽게 돈을 벌 생각을 한다는 것 자체가 문제라고 생각했다. 그런데 그 상황에서 우리가 최선을 다해 궁리한 게 로또였다니!

그러던 어느 날, 남편이 커다란 물고기 한 마리를 사 들고 왔다.

바닷가에 갔는데 어부가 막 잡은 생선을 팔고 있더란다. 그걸 보니 갑자기 먹고 싶다는 생각이 들어 20달러를 내고 사 왔다는 것이다. 그 와중에 흥정을 잘해서 싸게 샀다고 자랑하는 남편. 물론 바다에서 막 잡아 올린 신선한 물고기 한 마리 값으로 비싼 건 아니었다. 하지만 당장 기저귀 살 돈도 모자란데, 어쩌자는 건지 황당했다. 순간 정말 '망했다'는 생각이 들었다. 남편에게도 화가 났지만 나 자신에게도 화가 났다. '나는 앞으로 무엇을 의지하고 살아야 하는 걸까? 너무 어이가 없었다. 그러면서 궁금해졌다. '이 속도로 가면 곧 바닥을 칠 텐데, 그때 우리는 어떻게 될까? 거기서는 도움받을 곳도 없고 우리가 할 수 있는 일도 없어 보였다. 하나님은 과연 우리를 도와주실지 의심이 들었다.

그래서 차라리 빨리 끝을 보고 싶었다. 어차피 끝날 거라면 돈이 얼마가 더 있든 무슨 상관이랴. 시간만 조금 연장될 뿐 결과는 마찬가지일 테니 말이다. 일단 상황을 받아들이기로 했다. 죽든지 말든지 그건 지켜 보면 될 일이라고 생각했다. 그냥 포기하는 심정으로 남편이랑 그 물고기를 맛있게 먹었다. 물고기가 싱싱하긴 했다. 지금까지 우리가 먹었던 물고기 중에서 가장 싱싱한 녀석이었을 것이다.

그즈음 설상가상으로 누가 우리 차 창문을 깨고 네비게이션을 훔쳐가 버렸다. 여차하면 텍사스로 돌아가 지인들이라도 만나 볼까 하던 차에 돌아갈 길도 막혀 버린 것이다. 텍사스까지 쉬지 않고 달려도 며칠이 걸리는데 돈도 떨어진 상태에서 네비게이션 없이는 도저히 갈 수 없었다. 거기에다 보스턴 겨울은 몹시 추워서 유리창을 열고 다닐 수는 없었다. 당장 차 유리부터 갈아야 했다. 점점 숨이 조여 왔다. 그래도 우리가 할 수 있는 모든 궁리는 해 봐야 했다.

그때 브루더호프(Bruderhof) 공동체가 생각났다. 거기에 가면 숙박이 가능하고 노동하면서 공동체 생활을 할 수 있다고 들었다. 공동체는 보스턴과 멀지 않은 뉴욕 근처에 있었다. 텍사스에 있을 때 그곳에 다녀오셨다는 분이 있어서 연락처를 적어 두었다. 이때를 위해 대비를 했던 것일까? 텍사스를 출발하면서 수첩에 꾹꾹 눌러 쓰고 간직했던 연락처 몇 개가 있었다. 그중 하나가 브루더호프 공동체였다. 일단 거기에 가야겠다는 생각이 들었다. 그게 우리에게는 마지막 희망처럼 보였다. 꽤 괜찮은 대안 같았다. 가서 공동체 경험도 하고 마음 정리를 한 후에 한국에 있는 가족에게 연락을 하자는 생각이었다.

그래서 얼른 전화를 걸었다. 그런데 이상하게 한국 사람이 전화를 받았다. 전화를 잘못 걸었던 걸까? 통화를 하다 보니 전화를 받은 분은 우리가 있던 텍사스 교회의 부흥회 강사로 오셨던 목사님이었다. 부르더호프에 전화한다는 것을 실수로 그 목사님의 전화번호를 누른 것이다. 당황했지만 목사님에게 우리 사정을 말씀드렸다. 상황을 대충 들으시더니 우리더러 목사님 댁으로 오라고 하셨다. 그 당시 목사님 가정도 며칠 전 사우스 캐롤라이나에서 뉴저지로 이사하신 상태였다. 목사님은 뉴저지에서 이제 막 개척 교회를 시작하셨다. 갈 곳 없는 우리에게 집으로 오라는 말이 고맙긴 했지만 선뜻 갈 수가 없었다. 대책없이 무작정 그 집에 들어갈 수는 없었다. 그래서 나는 다시 부르더호프 공동체의 번호를 찾아 전화했고 그들에게 우리 상황을 이야기했다. 한참 설명을 듣더니 그럼 일단 팀원들과 회의해 보겠다고 했다. 당연한 절차라고 생각했고 연락을 기다렸다.

일단 안심이었다. 적어도 갈 곳이 있으니 말이다. 그곳에서 노동하고 숙식하며 공동체 경험도 하다 보면, 또 길이 열릴 거라고 생각했다. 당장 한국으로 간다면 많이 아쉬울 것 같았다. 새로운 공동체를 경험하면서 차분하게 우리 여행의 의미를 찾아보고 싶었다. 그렇게 연락이 오길 기다리며 기대하던 중이었다. 그런데 청천벽력 같은 소식을 듣게 되었다. 그들은 회의 결과 우리를 받을 수 없다는 결정을 내렸다고 말했다. 우리더러 코리안 커뮤니티를 찾아가 보는 게 좋겠다고도 했다. 너무 당황하고 창피했다. '아, 이분들은 우리가 부담스러웠구나!' 그제야 우리가 갈 곳 없는 외국인 홈리스 신세라는 사실을 깨달았다.

최후의 보루였고, 당연히 기대하던 곳에서 거절당하고 나니 실망이 너무 컸다. 거기를 방문했던 지인들이 하나같이 좋았다고 했던 터라 기대가 높았던 모양이다. 누구든 신청하면 방문 가능한 줄 알았는데 그게 아니었다(이 글을 쓰고 있는 지금, 마침 페북을 열었더니 페친 한 분의 게시물에 "브루더호프 앓이 중"이라는 글이 보인다. 그들의 환대와 사랑, 그 공동체가 그립다는 내용이었다. 브루더호프가 어떤 곳인지 궁금한 사람은 「부서진 사람」[바람이 불어오는 곳]이라는 책을 읽어보길 바란다. 거기에 브루더호프의 창시자와 공동체에 관한 아름다운 이야기가 담겨 있다).

텍사스를 떠나 오는 내내 불안했지만 그래도 마음 어딘가에 브루더호프 같은 곳도 있다는 든든함이 있었다. 그래서인지 거절에 대해서는 이해를 하면서도 상처가 됐다. 그들에게 비친 우리 가족의 모습이 어땠을까 생각하니 자존심이 상하고 창피했다. 무너지는 마음을 안고 다시 뉴저지 목사님에게 연락을 드렸다. 목사님은 흔쾌히 오라고 하셨다. 선택의 여지가 없었다. 손에는 200달러가 남아 있었다. 다시 짐을 싸고 통나무집을 떠나 뉴저지로 향했다.

그런데 브루더호프의 거절을 받고 하루정도 지났을 때, 참 이상하게도, 그렇게 요동치던 마음이 잔잔해지는 것을 느꼈다. '아, 이들이 우리를 위해 기도하고 있구나!' 점점 안정이 되면서 잠시였지만 그들에게 가지고 있던 불쾌함이 사라졌다. 서로 해명하지 않아도 전달되는 순간이 있나 보다. 설명할 수는 없지만 이해가 되었다. 누군가 내 마음을 어루만지고 위로해 주시는 것 같았다. 성령의 도우심과 위로라는 생각이 들었다. 기도의 힘을 느꼈다.

더구나 뉴저지 목사님의 초대는 기적이었다. 목사님과 연결되리라고는 상상도 못했다. 하나님은 나의 실수로도 일하신다. 우리가 끝으로 가도 그 벼랑 끝에서 건지시는 하나님이었다. 바닷가를 바라보며 아기 기저귀를 위해 기도했는데 적어도 그 기도는 들어주셨다. 하나님에게는 방법이 있었다. 물론 내가 원하는 방식은 아니었지만 말이다. 결과만 본다면 그때 우리의 여행은 아무 성과가 없는 실패였다. 하지만 나중에 시간이 흐르면서 알게 되었다. 그 시간은 훗날 내게 보이지 않는 힘으로 축적되었다는 것을.

뉴저지에서 어두운 터널을 지나다

하나님이 우리 삶에 일하시는 것을 보려면 그분이 일하실 수 있는 상황 속에 있으면 된다. 하나님은 늘 일하시고 우리 곁에 존재하신다. 다만 우리 입장에서 하나님이 함께하심을 느낄 수 없고 의식하지 못할 뿐이다. 내가 아무것도 할 수 없는 상황, 기댈 곳이 하나님밖에 없는 상황이 되면 간절해지고 민감해진다. 안테나가 오직 그분에게 집중되니 사소하고 평범한 일상 속에서도 하나님의 존재를 의식하게 된다. 하나님은 한 번도 우리를 떠나신 적이 없다. 우리가 그것을 모를 뿐이다.

우리 삶이 예측 불가능한 모험 속으로 들어가게 되자 우리에게 일어나는 일들이 기적으로 다가왔다. 바닥을 치고 궁지에 몰리고 사방이 꽉 막힌 것 같아도 어딘가로는 길이 열리는 게 보인다.

막상 뉴저지에 도착하고 보니 목사님 가정도 이제 막 이삿짐 정리를 끝낸 상태였다. 방이 세 개인 2층짜리 집이었다. 그런데 우리가 머물 방이 없었다. 목사님네 자녀는 성인 남매라 각각 방 하나씩을 써야 했고, 목사님 부부 방을 빼면 남는 공간은 거실뿐이었다. 우리 네 식구가 거실에 들어가니 집이 꽉 찼다. 어찌나 당황스럽고 민망한지, 사모님 얼굴을 쳐다볼수 없었다. 그럼에도 갈 곳도, 돈도 없다는 사실이 우리 발목을 잡았다. 당분간 머물겠다고 했지만 마음이 무거웠다. 지금 생각해도 두 분이 너무나 큰 은혜를 베푸신 것이었다. 나 같으면 차비나 좀 주면서 보냈을 것 같은데 거실을 내어 주다니! 남편은 당장 나가 한인 식당에서 홀서빙 일을 시작했고 목사님의 개척 교회 사역을 도왔다. 하지만 계속 집에 있었던 나는 가시방석이 따로 없었다. 오픈된 거실에서 아이 둘을 데리고 온종일 있으려니 여러모로 눈치가 보였다. 목사님은 방에서 책을 보시고, 성인 두 자녀도 거의 집에만 있고, 사모님은 대하기가 너무 어려웠다. 무뚝뚝한 사모님의 표정도 이해가 갔다. 내가 생각해도 이 상황이 너무 싫을 것 같았다. 그런데 시간이 갈수록 사모님과 점점 친해졌다. 워낙 성품이 좋으신 분이었다. 떠날 때는 사모님과의 이별이 가장 아쉬울 정도였으니.

남편은 온종일 한인 식당에서 홀서빙을 하고 밤늦게 돌아왔다. 뉴저지에 있는 큰 한인 식당이었는데 사장이 정말 고약한 사람이었다. 사장이 술만 마시면 폭력적으로 변해 그 식당에서 일하는 사람들이 참 고생이 많았다. 남편도 정말 힘들었지만 돈이 필요하니 어쩔 수 없었다. 더구나 내 사정도 만만치 않았기에 하루 속히 떠날 수 있기만을 바랐다.

드디어 돈이 조금 모아져 떠날 수 있는 상황이 되었다. 그런데 이번에는 남편이 움직이지 않았다. "여기서 뭔가 배워야 할 게 있는 것 같아"라며 기다려 보자고만 했다. 남편의 마음을 모르는 건 아니었다. 목사님은 말씀이 탁월하신 분이셨다. 텍사스에서 부흥회 강사로 오셨을 때 목사님의 설교를 듣고 느꼈던 전율과 감동은 잊을 수가 없다. 남편은 목사님에게 배우고 싶어 했다. 그래서 온몸을 혹사하며 식당에서 일하면서도 예배와 성경 공부에 참석하고 금요철야 예배를 인도했다. 목사님과 한 집에 살며 가깝게 배울 수 있는 이런 기회가 다시는 없을 거라고 했다.

몇 개월 후, 교회에서도 우리 가족의 거처 문제와 사례비, 영주권 절차 문제를 논의하기 시작했다. 내 생각은 목사님 댁에서 얼른 독립하여 따로 살면서 그 교회 사역을 이어 가는 것이었다. 그런데 남편은 나와 생각이 달랐다. 그때쯤 목사님에 대한 환상이 깨진 것이다. 사실 그것은 우리 둘 다 마찬가지였다. 우리가 찾던 파랑새는 어디에도 없었다. 하나님과의 특별한 경험은 어떤 뛰어난 사람이나 장소를 통해 경험하는 것이 아니었다. 진짜 성령이 충만한 삶과 성령 충만해 보이는 삶은 다른 것이었다. 이상적인 꿈을 꾸는 것과 그 꿈을 삶에서 살아 내는 것도 다른 것이었다. 우리가 찾고자 했던 것을 찾지 못했지만 정말 찾아야 할 것이 무엇인지는 알게 되었다.

그때가 부활절이었다. 겨울에 보스턴에서 뉴저지로 내려와 목사님 댁에서 4개월을 머물렀다. 생각했던 것보다 오랜 시간이었다. 막상 떠나겠다고 하니 목사님이 무척 섭섭해하셨다. 괘씸하다는 생각까지 하셨던 것 같다. 그간 남편이 식당에서 일하며 모은 돈으로 떠나기로 했다. 사모님도 서운해하셨다. 우리가 얼마 가지 못해 다시 돌아올거라 생각하셨지만, 우린 다시 돌아가지 않았다.

뉴저지는 우리에게 기적이었다. 하나님이 보스턴에서 궁지에 있던 우리를 상상할 수 없는 방법으로 구제해 주셨다. 그러나 기적은 기적일 뿐, 그다음은 일상이고 우리는 그 일상을 살아 내야 했다. 하나님은 틈틈이 은혜와 기적을 베푸시지만 그 간격을 메꾸는 것은 우리 몫이며 삶이다. 그것은 누구도 대신할 수 없었다. 뉴저지 목사님과 사모님에게 감사드린다. 자신의 사적인 공간을 나그네에게 내어 준다는 것은 쉽지 않은 일이다. 한집에서 같이 살며 보이고 싶지 않은 부분까지 보여 주는 것은 그분들에게 여러모로 불리한 일이었다. 보일수록 자신의 약점과 흠이 드러나고 그것 때문에 서로 부딪히기 때문이다. 내 것을 주고서도 사이가 나빠지고 손해를 입는다. 그럼에도 나를 열어 보여 주는 일은 서로를 성장하게 한다. 그분들을 통해 이 사실을 배웠다.

다시 텍사스로, 다시 한국으로

여행을 하면서 우리 부부는 참 다르다는 걸 알았다. 추구하는 목적은 같았지만 상황마다 보고 판단하는 방법, 속도, 삶을 살아가는 방식이 달랐다. 나는 어지간하면 정착하고 일단 정착하면 잘 적응하는 편이다. 고지식하기도 해서 다소 불편하고 힘들어도 꾸역꾸역 이어 간다. 그런데 남편은 언제나 새로운 가능성을 열어 놓는다. 자신이 동의만 된다면 무엇이든 가능하고 무엇이든 거리끼지 않는다. 나는 고집이 있는데 남편은 고집도, 자존심도 별로 없다. 남들 눈치도 보지 않고 마음이 가는 대로 한다. 어떤 변화도 마다하지 않는다. 목사라고 꺼리는 일도 없고 그래서 노동을 하든, 뭘 하든 아무렇지도 않은 것 같다. 그러다가 놀기 시작하면 끝도 없이 쉬고 아무것도 안 한다. 한량이 따로 없다. 남편과 있다 보면 '정말 이래도 되는 거야?'라고 물을 때가 있다.

　나의 고지식함과 남편의 변화무쌍함, 융통성이 만나 시너지를 내면 꾸준하면서도 역동적인 삶이 가능해진다. 하지만 계속되는 변화에 때로는 지친다. 나 같으면 뉴저지에서 나와 텍사스로 되돌아간다는 결정을 못했을 것이다. 굉장한 모험을 할 것처럼 요란하게 떠났던 텍사스였는데 다시 원점으로 돌아간다는 생각을 하니 조금 창피했다. 떠나면서 집집마다 밥을 얻어 먹고, 눈물의 환송을 받은 걸 생각하면, 민망할 따름이다. 개선장군처럼 나갔다가 패잔병 꼴이 되어 돌아가는 것만 같았다. 도대체 뭘 하고 온 건지 나도 해석이 안 되는데 사람들에게 어떻게 설명을 해야 할까? 여행 실패담을 말할 생각에 난처함과 막막함이 밀려왔다. 거기에다 머물 곳도 다시 찾아야 하니 말이다.

결국 초라하고 민망한 모습으로 텍사스로 돌아갔다. 네 식구의 짐은 소나타 자가용 안에 있는 게 전부였다. 처음에는 학교의 빈 기숙사와 지인들 집을 전전하다가 달라스 근처의 작은 아파트를 렌트했다. 이번에는 가구도, 살림살이도 거의 없었다. 침대나 소파도 없어 바닥에 이불을 깔고 잤다. '우린 도대체 왜 이러고 살지?' 신세 한탄이 절로 나왔다. 뭐라도 해야지 싶어 과외를 시작했다. 마침 시카고로 떠나는 목사님이 자신이 하던 과외 일을 나에게 소개해 주고 가셨다. 역시 죽으라는 법은 없나 보다. 오랜만에 가르치는 것이라서 쉽진 않았지만, 미리 공부를 해 가며 열심히 가르쳤다. 실망하고 지친 상태였지만, 아이들 때문에 움직일 수밖에 없었다.

때때로 아이들은 나를 붙잡는 족쇄이자 억지로라도 일으켜 주는 동력이 된다. 하나님이 그래서 나에게 네 명의 아이들을 주셨는지도 모르겠다. 네 명을 키우려면 주저앉아 있을 여유가 없다. 정신 차려야 한다. 하지만 상황은 좀처럼 나아지지 않았다. 비자 만료 시점은 점점 다가왔다. 더 이상 렌트비를 낼 돈도 없다. 마음이 조급해지고 날마다 무너지는데 남편은 어찌된 일인지 이번에도 아무것도 하지 않았다. 마냥 또 기다렸다. 보다 못해 내가 한국에 사역지를 구하자고 했다. 내가 재촉하는 바람에 마지 못해 사역자 구인 공고 게시판을 검색하는 것 같았다. 그러고는 정말 딱 한 군데 지원했다. 쉽게 될 것 같지는 않은 곳이었다. 열심히 해도 될까 말까인데 남편이 지원서를 내는 것을 보니 너무 성의가 없어 보였다.

그러던 어느 날 아침, 무거운 마음을 안고 성경 공부 모임을 위해 숙제를 하고 있었다. 미국에 있는 동안 나를 붙들어 준 국제성경 공부 모임(BSF: Bible Study Fellowship)이었다. 해마다 성경을 돌아가며 공부하는데 그해가 출애굽기였다. 내가 읽고 있는 곳은 이스라엘 백성이 출애굽하여 홍해 앞에 서 있는 장면이었다. 앞에는 바다, 뒤에는 이집트 군사들이 있는 그 상황이 마치 내 상황같았다. 앞에는 비자 만료, 뒤에는 렌트비, 점점 압박하고 조여드는 환경이었다. 우리야말로 홍해 앞에 서 있었다.

> 너희는 두려워하지 말고 가만히 서서 여호와께서 오늘 너희를 위하여 행하시는 구원을 보라(출 14:13).

이 구절을 읽으면서 하나님에게 기도했다. "하나님, 제게도 홍해가 갈라지는 기적을 보여 주세요!" 나도 두려워하지 않고 하나님이 행하시는 일을 경험하고 싶다고 말했다. 그랬더니 "가만히 서서 있으라"고 말씀하시는 것 같았다. "정말 아무것도 하지 말고 가만히 있으라고요? 이번에도 보스턴에서처럼 우리를 구제하실 건가요? 그때도 가능했으면 지금도 가능하실 텐데 제 눈에는 별로 가망이 없어 보입니다."

그런데 바로 그날 저녁, 한국에서 전화가 왔다. 남편이 지원했던 교회였다. 12월부터 사역이 시작되니 한국으로 와서 면접을 보라는 것이었다. 진짜로 홍해가 갈라졌다. 비자 만료를 바로 앞두고 한국으로 갈 수 있게 되었다. 얼떨떨하고 이해할 수는 없지만 이렇게 우리의 미국 모험은 막을 내렸다.

    아브라함이 믿음으로 길을 떠나듯이 우리도 그런 믿음으로 모험을 했다고 생각했지만 그것은 완전히 우리의 착각이었고 실패로 끝난 모험 같았다. 우린 왜 그런 시간을 보내야 했을까? 늘 이것이 궁금했지만 알 수 없었다. 그저 마음에 담아 둘 뿐이었다. 훗날 곱씹고 곱씹어 소화가 될 때까지.

다섯 번째 모험_J교회에서 일어난 일

고생 끝에 낙이 온다고 했던가? 사람들은 한국에 있는 큰 교회로 사역지를 구하게 된 것을 축하해 주었다. 일단 한국에 돌아와 갈 곳이 있어서 다행이었다. 일종의 보상 심리인지, 위로의 상을 받은 것만 같았다. 서둘러 짐을 정리하고 차를 팔아 비행기표를 끊어 한국으로 돌아왔다. 하나님이 이렇게 큰 은혜를 주셨으니 이제는 탄탄대로가 펼쳐지리라! 홍해를 건넜던 이스라엘 백성은 기뻐하며 춤추고 노래했다. 그들에게 기적을 베푸신 하나님을 찬양했다. 하나님이 하신 일을 생각하면 그들의 앞날은 창창하고 밝아만 보였다. 우리도 그랬다. 그 기적을 베푸신 하나님이 우리 인생에 무엇인들 못 하랴. 기대했다. 그러나 어쩌랴, 홍해를 건너니 광야가 기다리는구나! 그것도 끝없이 긴.

한국으로 돌아와 사역하게 된 교회는 서울 목동에 있는 규모가 큰 교회였다. 게다가 평판도 좋은 영향력 있는 교회였다. 큰 교회가 그렇듯이 교회에서 제공하는 모든 프로그램이 질적으로 수준이 높고 다양했다. 목사님 설교부터 찬양, 기도, 성경 공부까지 어느 것 하나 부족해 보이지 않았다. 아이들부터 어른들까지 성도의 많은 필요를 채워 주는 그런 교회였다.

그런데 우리가 오고 얼마 지나지 않아 교회가 시끄러워지기 시작했다. 담임목사님이 선교비를 횡령했다는 소문이 돌기 시작했다. 믿을 수 없고 믿고 싶지 않은 일들이 일어났다. 목사님을 반대하는 성도가 모여 교회 밖에서 길거리 예배를 드리기 시작했다. 결국 <PD수첩>(MBC)에서도 교회 문제가 나오게 되었고 교회는 갈라졌다. 교인들이 싸우고 법적 공방이 시작되었다. 정의란 무엇일까? 잘못을 심판하는 것이 정의일까? 교회를 지키는 일이 정의일까? 자기를 반대한다고 성도를 치리하여 쫓아 내는 목사, 그런 목사를 쫓아 내고자 하는 성도들. 싸움이 갈수록 치열해졌다.

교회 문제로 고민하던 어느 날, 남편이 대예배에서 말씀을 전할 차례가 돌아왔다. 설교 전에 자기는 양심이 이끄는 대로 말씀을 전해야 할 것 같다고 했다. 그리고 그 설교를 하면 교회를 사임하게 될지도 모른다고 했다. 남편은 이미 사직서를 써서 품고 다니고 있었다. 그리고 주일 예배에 "이가봇의 교회"라는 제목으로 설교했다. 그 설교로 교회 개혁측의 환호를 받았고 교회측으로부터는 사직 권고를 받았다. 한국으로 돌아온 지 2년 반만에 생긴 일이었다. 그 사이 우리는 셋째를 낳았고 목동에서 살고 있었다. 사임 후 남편은 집에 틀어박혀 7개월을 벽만 보고 있었다. 그 당시 우리 다섯 식구는 11평짜리 좁은 빌라에 살았다. 집도 마음도 터질 지경이었다.

남편은 J교회 목회 비서였다. 목사님과 가장 가까이에서 함께 했다. 비록 목사님이 잘못을 하기는 했지만 그분을 미워하거나 싫어했던 건 아니다. 사람만 본다면 그동안 거쳐 왔던 목사님들 중

가장 좋은 분이었다. 다만 교회를 위해서 무엇이 옳은 일인가, 무엇이 맞는 일인가 그것이 고통스러운 일이었다. 교회는 여전히 혼란 가운데 있었고 싸움은 끝나지 않았다. 교회가 잘못된 것을 덮어두면 안 된다고 생각했기에 남편은 교회 개혁측으로 들어가 목사님 반대편에 서기로 했다.

지도자도 잘못할 수 있다. 그러면 시인하고 자리에서 물러나면 된다. 교회가 흔들리고 열병을 앓기는 하지만 교회는 하나님의 도우심 가운데 다시 일어날 수 있다. 교회의 주인은 사람이 아니라 하나님이기 때문이다. 하지만 잘못된 지도자가 끝까지 버티며 물러나지 않는 경우, 교회는 갈라지고 분열된다. 갈등은 점점 더 심해지고 성도가 서로를 미워하고 증오하게 된다. 정의는 간데없고 누가 이기는가에 혈안이 되어 다투는 원수들의 싸움터가 된다. 어쩌면 처음 잘못보다 공동체를 파괴하고 분열시킨 잘못이 더 클지도 모르겠다. 한 사람의 아집이 많은 사람을 무너뜨렸다. 지금 한국 교회의 분열과 서로를 향한 증오의 모습은 그 옛날 우리가 겪었던 J교회의 사태와 매우 유사하다. 그때는 한 교회 안에서의 일이었지만 지금은 나라 전체가 그때의 몸살을 재현하고 있는 것 같아 안타깝다.

교회에서 어떻게 치고받는 몸싸움이 일어날 수 있을까? 가능하다. 상대방이 악이라면. 어떻게 그토록 많은 고소 고발이 난무할 수 있을까? 가능하다. 상대방이 악이라면. 어떻게 용역이 들어오며 건물을 부수고 전쟁터를 만들 수 있을까? 이것도 가능하다. 상대방이 사탄이라면. 이들이 싸우는 소리, 마이크 소음은 주민들에게도 민폐였다. 교회 옆 아파트와 빌라 주민들이 얼마나 괴로웠을지 생각만해도 부끄럽다. 교회 이미지는 떨어질대로 떨어졌다. 지금 한국 교회의 이미지가 그렇듯이. 싸움이 벌어지면 양편이 서로 온갖 욕설과 비방을 하며 상대방을 악으로 규정한다.

가장 끔찍했던 건 바리케이트 양편에서 서로 데시벨을 높이며 누구 목소리가 큰지 시합을 하듯 예배를 드린 장면이다. 그 현장에서 울려 퍼진 찬송가와 기도는 싸움의 도구였지 하나님에게 드린 예배가 아니었다. 양쪽에서 하나님을 부르짖는데 그 모습을 보고 하나님은 과연 뭐라고 하실지 궁금했다. 부교역자 사모의 위치는 교회에서 이방인이나 마찬가지다. 투명 인간같이 성도도 아니고 사역자도 아닌 애매한 위치에서 교회를 바라보게 된다. 지켜 보는 입장에서 나는 어느 쪽에도 완전히 동의할 수 없었고 갈수록 마음만 답답했다. 담임목사님이 잘못하셨다. 하지만 그 잘못을 처벌하려고 싸우는 과정은 좋아 보이지 않았다. 싸움이 극에 달할수록 상대방을 악마화하게 된다. 내가 선이고 너는 악이 된다. 그래야 싸움의 명분이 분명해지고 정당해진다.

교회 마당에서 시작된 싸움이 점점 승리를 거두어 개혁팀은 계단으로, 본당 현관 로비로, 본당까지 사수하게 되었다. 교회개혁팀이 훨씬 많이 교회 땅을 점유하게 되었다. 결정적으로 담임목사님의 대법원 판결이 나왔다. 목사님의 유죄가 확정되었다. 드디어 개혁팀이 승리를 한 것이다. 다들 축제 분위기였다. 현직 담임목사님이 징역 4년을 선고받고 감옥에 가게 되었다. 교회가 해결하지 못하니 사회법이 판결을 해 준 것이다.

드디어 싸움이 끝났다. 우리가 이긴 것이다. 정의가 이긴 것일까? 그렇다면 그다음은 무엇일까? 교회는 과연 회복될 수 있을까? 무너뜨리기는 쉽지만 재건하는 일은 쉽지 않다. 당연히 다들 기뻐하며 자축하는 분위기인데 어쩐지 남편의 얼굴은 어둡고 마음이 무거워졌다. 남편은 자기가 그 역할을 하기에는 너무 많은 피를 묻혔고 그럴수도 없을 것 같다고 했다. 이미 교회는 그들만의 생리대로 자기들의 세상을 구축하고 있었다. 이형기 시인의 〈낙화〉에는 "가야 할 때가 언제인가를 분명히 알고 가는 이의 뒷모습은 얼마나 아름다운가"라는 싯구절이 있다. 하지만 사람들은 가야 할 때 가지 않는다. 우린 또 떠나야 하는 걸까?

2013년 5월 어느 날, 미국에 있을 때부터 참석해 왔던 BSF 성경공부 모임에서 강의를 듣고 있었다. 설교자가 화면에 문장 하나를 띄웠다. "God moves you to a new place physically and spiritually to mature your faith." (하나님은 너희 믿음을 성장시키려고 너희를 지리적으로 영적으로 새로운 지역으로 옮기신다.) 이 문장을 보고 듣는데, 그대로 내 마음에 들어와 박혔다. 또 한 번의 삶의 변화를 예감하며 마음이 뒤숭숭해졌다. 모임을 마치고 집에 오니 남편이 할 말이 있다며 산책을 가자고 했다. 우리는 안양천을 따라 아이를 태운 유모차를 끌며 걸었다. 아니나 다를까 남편은 교회를 사임하겠다고 했다. '내가 이럴 줄 알았다니까!' 귀로는 남편의 말을 들으면서 속으로는 하나님에게 뭘 좀 보여 달라고 중얼거렸다. "주님, 걷다가 저기 풀밭에서 클로버 하나 대충 뽑을 테니 네 잎이 뽑히면 받아들이겠습니다." 유치해 보였지만 나에게도 뭔가 확실한 게 필요했다.

발걸음을 멈추고 클로버 하나를 뽑았다. 정말 '네 잎'이었다. 신기했으나 그것만으로는 부족했다. 계속 걸으면서 한 번만 더 보여 달라고 했다. "이번에는 우리 다섯 식구에게 주시는 좀 더 특별한 무엇이 필요합니다." 다시 클로버를 뽑았는데 놀랍게도 '다섯 잎'이었다. 우리 가족 수는 다섯, 정말 우리 가족을 의미하는 걸까? 너무 신기했다. 그런데 자세히 보니, 그 다섯 잎에 아주 작고 여린 잎 하나가 더 달려 있었다. 여섯 잎 클로버라니! 살면서 그런 여섯 잎은 처음 보았다. 그런데 좀 이상했다. '우리 식구는 다섯 명인데 왜 여섯 잎이지? 혹시 식구가 더 는다는 뜻인가?' 그 생각이 들자 갑자기 심란해졌다.

교회 사임보다 '여섯 잎'이 무엇인지가 더 큰 문제인 것 같았다. 남편도 마찬가지였다. 아무리 생각해도 넷째가 생길 타이밍은 아니었으니 말이다. 남편은 너무 걱정말라고, 진정하고 일주일 후쯤 확인해 보자고 했다. 하지만 나는 기다리지 못하고 당장 임신 테스트기를 사 왔다. 확인을 해야 마음이 놓일 것 같았다. 놀랍게도 두 줄 이었다! 우리에게 넷째가 생겼다. 충격 요법인 건가. 임신했다는 충격이 워낙 커서 남편의 교회 사임은 자연스럽게 흘러갔다. '차라니 돈을 주시지! 삶이 어떻게 이리도 비협조적일수가 있을까? 돈을 달라고 기도하니 짐을 주시는 하나님, 그분의 유머 코드는 정말 하드하다. 블랙 코미디가 취향이신가 보다. 나는 그분에게 두 손 두 발을 다 들었다. 이리하여 우리는 하나님의 알 수 없는 뜻과 이끄심을 따라 또 길을 떠났다. 목동에서 아이넷을 키울 자신이 없었다. 좀 더 한적하고 넓은 동네로 가고 싶었다. 그래도 감사한 건 우리 아이들이 참 예쁘게 잘도 자란다는 것이었다. 배 속의 우리 넷째도!

여섯 번째 모험_시골 교회에서 일어난 일

　서울에서 교회를 사임하고 남편은 두 달만 시간을 달라고 했다. 보통 사역을 그만두고 나면 남편은 기본이 7개월, 늘 그 이상의 공백 기간이 있었던 터라 두 달이라니 다행이었다. 아마 넷째 임신이라는 상황이 작용했던 것 같다. 이번에는 생각보다 빨리 움직이겠다는 신호라 반가웠다.

　5월에 사임하고 7월, 여름이 왔다. 방학이라 아이들도 바람을 쐴 겸 시댁이 있는 목포를 방문했다. 그때 시부모님이 어떤 목사님과 식사를 하시는데 같이 합류하게 되었다. 그분은 목포와 멀지 않은 시골에서 목회를 하고 계셨다. 우리와의 만남 후에 목사님이 남편에게 시골 교회로 와 보는 것이 어떻겠냐는 제안을 하셨다. 어차피 어디론가 가야 했는데 서울에서는 사역지를 구할 수가 없었다. 몇 번 이력서를 내고 면접까지 갔지만 떨어졌다. 알고 보니 이미 남편은 교회 안티로 소문이 난 상태였다. 보통은 최종 단계에서 이전 교회로 확인차 연락을 하는데 남편에 대한 좋은 평가가 나올 리가 없었다. 남편은 담임목사를 반대한 교회 안티로 찍힌 몸이었다. 그런 이야기는 꼭 누군가가 뒤로 들려준다. "교회로 전 목사에 대해 묻는 전화왔다던데, 담임목사님을 반대하고 교회랑 싸운 목사라고 했다더라." 그쪽 세계에서 빨간 줄이 그어졌다. 우리가 갈 수 있는 선택지는 우릴 불러 주는 곳일 수밖에 없었고 그게 마침 시골 교회였다.

우리를 불러 주시니 감사했다. 교회 싸움에 몹시 지친 터라 어디론가 멀리 떠나고 싶은 심정이기도 했다. 더구나 시골, 자연이 있는 곳이라니 더 마음이 갔다. 서울에서 태어나고 자란 내게 시골은 미지의 세계이자 동경의 대상이었다. 그곳으로 처음 내려간 날 완벽한 밤의 어둠과 고요가 나를 사로잡았다. 막내를 임신한 상태라 그런지 나는 자연이 몹시 좋았다. 그곳에서의 2년은 우리에게 힐링의 시간이었다. 교회에서 학교까지 오르는 작은 오솔길은 너무나 아름다웠고 작은 예배당은 평화로웠다. 집으로 쌀과 고구마를 들고 오시던 시골 할머니들도 참 정겨웠다. 무엇보다 교회가 집 바로 옆에 있어서 좋았다. 우리 아이들은 전교생 서른 명 정도밖에 되지 않는 시골 학교에 다녔다. 시골 학교를 다니게 된 것은 행운이었다. 숲 체험 수업이 있어서 아이들이 산으로 바다로 다니며 자연을 누렸다. 지금도 아이들이 그쪽 학교 근처나 시골 집을 지나가면 탄성을 지른다. 예기치 않게 아이들에게 좋은 추억을 선물한 시간이었다. 우리에게도 마치 작은 쉼표같이 멈추고 마음을 돌아보는 그런 시간이었다.

나의 새벽 사랑은 그때부터였다. 예배당에서 몇 걸음 걸으면 작은 산으로 올라가는 등산로 입구에 우리 사택이 있었다. 서울에서 태어나 결혼하고 외국에 몇 년 나갔던 것 외에는 도시에서만 살았던 나는 그런 시골이 처음이었다. 날이 어두워지고 밤이 되면 사방이 고요하고 깜깜한 어둠이 밀려왔다. 화려하고 시끄러운 도시의 밤과는 달리 시골의 밤은 깊고 조용했다. 가끔 후드득 날아가는 새 소리, 부엉이 소리가 들려오는 그 밤의 시간이 우리에게 깊은 안정감을 주었다. 싸우고 갈라지는 교회에서 알게 모르게 입었던 마음의 상처들이 자연의 고요함에 씻겨 나가는 것만 같았다.

남편은 그곳에서 중고등부를 담당하고 교구를 맡았다. 시골이었지만 중고등부 아이들이 꽤 있었다. 교회에서 운영하는 기숙사 대안학교 학생들이었다. 남편이 새벽 예배를 인도했다. 그동안 아이들을 키우면서 새벽 예배를 갈 수가 없었는데 몇 발자국이면 예배당이라 나도 아이들이 잠자는 틈을 타서 새벽에 나가 기도를 하기 시작했다.

그 당시 배 속에 있던 지혜와 새벽마다 오고 가며 조용한 시골 예배당에 앉아 있는 그 시간, 남편의 설교를 듣고 기도하는 그 시간이 내게는 큰 행복이었다. 출산 후에도 지혜는 내 품에 안겨 같이 다녔다. 이런 내 마음을 모르고 할머니 한 분은 나만 보면 가서 쉬라고 하셨다. 내가 사모니까 아기까지 데리고 나오는 줄 알고 안쓰러우셨던 것 같다. 나는 기뻐서 오는 건데 할머니는 고생한다고 걱정하시던 모습이 눈에 선하다. 그 마음이 참 고마웠다.

그때 쓴 일기에는 그 마음이 고스란히 담겨 있다.

2014년 3월 4일

우리 지혜를 안고 새벽 기도에 갔다. 어느 할머니 성도님은 애기 안고 웬 고생이냐고 나만 보면 하늘 아버지가 다 아신다고 어서 들어가라 하신다. 아기 감기 들까 봐, 내가 힘들까 봐 그러시는 것이다. 날 걱정해 주시는 마음은 고맙지만 내 마음을 설명할 길 없어 매번 난감하다. 그분은 모르실 것이다. 내가 새벽에 나오는 걸 얼마나 사랑하는지, 엎어지면 코 닿을 교회가 있어서 아이들 재우고 예배드릴 수 있다는 게 얼마나 행복한 일인지, 하루의 시작을 조용하게 주님 앞에 나아갈 수 있다는 것이 나에게 얼마나 감사하고 소중한 일인지 말이다.

오늘도 하나님은 이렇게 내 마음을 만지신다. 내가 잘못한 것, 특히 어제 아이들에게 잘못한 것, 좀 더 인내하며 온유하게 말하지 못하고 아이들 마음을 상하게 한 것, 이런 것들을 생각나고 기도하게 하신다. 또 주께서 나와 우리 가족에게 채우신 은혜들을 떠올리게 하신다. 그리고 가족들과 멀리서 사역하고 있는 친구 선교사 가정들을 위해 기도하게 하신다.

교회와 다시 오실 예수님을 향해 소망의 불꽃이 조용히 타오르는 시간이다.

그러나 좋기만 한 건 아니었다. 우리가 깨달은 건 사람은 도시나 시골이나 비슷하다는 것이었다. 교회도 큰 교회나 작은 교회나 비슷한 문제들을 안고 있다. 작은 공동체일수록 그게 눈에 더 확연히 드러난다. 사람은 자기가 경험해 보지 않은 것에 대해서 막연한 환상을 가지고 있다. 우리 역시 그랬다. 그것이 편견이었다. 결국 어디서 무엇을 하느냐보다 중요한 건 우리 자신이 어떤 존재인가였다. 우리가 변하지 않으면 아무것도 달라지지 않는다.

처음 시골 교회로 왔을 때 목사님은 일흔 살로 거의 은퇴할 나이였다. 곧 은퇴하시고 교회를 다른 사람에게 맡기겠다는 이야기를 많이 하셨다. 알고 보니 우리가 오기 직전에 같이 20년간 사역하시던 부목사님이 목사님 은퇴를 기다리다 지쳐 교인들을 끌고 나가 버렸다고 한다. 그분이 더 이상 참지 못하고 어느 날 갑자기 사고(?)를 치신 것이다. 교회가 두 개였는데 시골과 목포 사이를 두 목사님이 같이 사역했다고 한다. 그런데 설교나 재정 권한을 담임 목사님이 갖고 계셨다. 사실 나간 목사님의 심정도 이해가 갔다. 하지만 20년을 함께 한 제자 목사의 배반이라 목사님과 사모님은 충격이 컸던 모양이다. 그 일로 사모님은 앓아 누우시고 목사님은 사람들로부터 온갖 루머에 시달리게 되셨다.

그러던 차에 우리가 그 공백을 메꾸는 역할을 하게 된 것이다. 우리에게도 목사님은 곧 은퇴하고 교회를 맡기시겠다는 말씀을 하셨는데, 목사님은 그럴 마음이 없어 보이셨다. 우리 역시 시골 교회를 차지하겠다고 목사님과 싸울 생각이 없었다. 하지만 실망스러웠다. 서울의 대형 교회가 가진 문제나 시골 교회가 가진 문제는 별반 다를 게 없어 보였다. 결국 인간 자체의 문제인 걸까?

그때로부터 10년이 지났으니 그 목사님은 이제 여든 살이 훌쩍 넘으셨겠다. 듣자 하니 그 후로도 은퇴하시겠다는 말만 10년 넘게 하시고 아직 여전히 그 자리를 지키고 있다고 한다. 독립교단이라 은퇴 연령 제한이 없어서 가능한 일이다. 그때 알았다. 인간이란 스스로 자리에서 내려오지 못한다는 것을. 그래서 법이 필요한가 보다. 그분이 가장 무서워하는 것은 사람들에게 잊힌 뒷방 늙은이가 되는 것이었다. 종종 그런 말을 하셨던 것이 기억 난다. 나이가 든다는 건 무엇일까? 두려움이 변하여 노욕(老慾)이 되는 것 같다. 두려워서 더 욕심을 낸다.

교회가 어느 정도 잠잠해지고 우리가 간 지 1년쯤 되었을 때였다. 목사님이 우리를 불편해하시는 것이 느껴졌다. 우리도 눈치가 있어서 굳이 남편을 부목사에서 교육 목사로 직분 변경을 해 가며 압력을 주시지 않아도 되었는데, 그런 불편한 일들이 벌어졌다. 그때 우리가 나가겠다고 하자 목사님도 흔쾌히 보내 주셨다.

일곱 번째 모험_목포에서의 8년

무려 8년의 시간을 목포에서 보내게 될 줄은 몰랐다. 잠시 지나치는 정거장일 거라는 예상은 완전히 틀렸다. 우리의 본격적인 광야가 이곳에서 시작되었다. 우리 인생의 겨울 같았던 곳, 아래로 아래로 깊이 들어갔던 곳, 어둠이 깊을수록 빛을 더 갈망하게 되는 걸까? 우리가 자초한 일 같기도 했다. 하지만 우리가 어떤 선택을 하든 하나님은 그분의 목적대로 우리를 만들어 가신다. 씨실과 날실이 엮어져 만든 인생이라는 태피스트리(tapestry: 여러 색실로 그림을 짜 놓은 직물)가 각각의 개성과 색깔로 수를 놓지만 그 작품의 큰 그림은 변하지 않는다. 당장은 우리가 어떤 무늬를 만들고 있는지 알 수 없지만 그런 시간조차 값지다는 것을 이제는 안다. 내가 잘하리라는 것보다 그분의 손이 위대하심을 믿기에.

인생은 광야라고 하지만 사실 광야는 누구나 들어갈 수 있는 곳이 아니다. 우리가 말하는 먹고살기 힘든 고단한 인생이란 대부분 애굽 생활에 속한다. 애굽이나 광야나 힘들기는 매한가지인데 차이가 있다면 광야는 바로의 손에서 벗어나 하나님의 손으로 옮겨진다는 점이다. 즉, 내 인생의 고삐를 쥐고 있는 주체가 바뀌는 곳이다. 애굽에서 잘 살기 위해서는 바로에게 충성하면 된다. 그가 만든 법을 지키고 그 가치를 숭상하고 시키는 대로 하면 풍요로운 땅, 이집트에서 나오는 것들을 누릴 수 있다. 단, 내 인생을 붙들고 있는 주체가 '바로'이며 그의 종으로 사는 것이다. 파라오의 거대한 피라미드는 한번 진입하면 평생 빠져나올 수 없다. 계속 위를 보며 달려가도록 설계되어 있기 때문이다.

광야는 그 피라미드에서 튕겨져 나온 사람이 가는 곳, 하나님의 주권적 은혜로 내몰려야 가는 곳이다. 홍해의 기적이 있어야 들어가는 곳, 그곳이 광야다. 바로의 손에서 해방되어 하나님의 손 안에서 사는 삶, 그것을 훈련하는 곳이 광야다.

> 너를 낮추시며 너를 주리게 하시며 만나를 네게 먹이신 것은 사람이 떡으로만 사는 것이 아니요 여호와의 입에서 나오는 모든 말씀으로 사는 줄을 네가 알게 하려 하심이니라(신 8:3).

내 인생이 낮아지고 주리며 살더라도 이것을 깨달을 수 있다면 길고 긴 광야도 이해가 된다. 광야는 훈련받는 곳이다. 훈련생의 특권은 먹을 것과 입을 것이 제공된다는 점이다. 하나님이 그들의 생존을 책임지신다. 그분이 인도자이시기 때문이다. 광야는 만나와 메추라기, 생수가 공급되고 그분의 음성을 듣고 훈련하며 순종을 배우는 곳이다. 힘들긴 해도 애굽, 이방 땅에서 겪는 영혼을 잃는 소진과는 다른 종류의 힘듦이다. 육아의 고단함과 비슷하다. 육아는 아무리 힘들어도 '아이의 성장'이라는 보상과 유익이 있다.

목포에서의 8년은 우리에게 이런 시간이었다.

유달산 아래의 추억

시골 교회에서 목포로 나왔을 때 거처할 곳이 없었다. 그래서 가족 모두 시부모님이 계신 교회 중이층에서 살게 되었다. 교회 지붕 바로 밑에는 여름엔 덥고 겨울에는 추운 공간이 있었다. 화장실에 가려면 계단을 타고 내려와 밖으로 나가야 했다. 거기에서 8개월 가량을 지냈다. 아래의 글은 2020년 12월 18일 눈 오던 어느 주일에 쓴 일기다.

> 지대가 높은 곳에 교회가 있어 눈이 많이 내린 날은 차를 두고 올라간다. 미끄러운 경사면은 걸어가기에도 조심스럽다. 유달산을 배경으로 서 있는 우리 교회는 몇 년 전 외벽에 흰 페인트 칠을 해서인지 오늘따라 하얀 눈 속에 더욱 빛나 보인다.
> 서울에서 바닷가 시골 마을로, 그리고 다시 목포로 나왔을 때 잠시 교회 중이층에서 살았다. 우리가 살았던 곳 중 가장 열악한 거주지가 아니었을까 싶다. 그곳은 컬러 강판으로 된 교회 지붕과 본당 사이에 있는 공간이었다. 에어컨도 없고 난방도 되지 않았는데 화장실마저 계단을 타고 밖으로 나가야 했다. 여름에는 지붕에서 직접 내려오는 열기와 본당 천장으로 몰린 공기가 숨을 쉬기 힘들 만큼 달아올랐고 겨울에는 냉기 때문

에 '후' 불면 입김이 나왔다. 가장 힘든 것은 씻는 일과 밤에 화장실 가는 일이었다. 하는 수없이 우리 막내의 뽀로로 변기통을 같이 쓰곤 했다. 먹고 마시고 싸는 이 원초적인 행위가 한 공간에서 이루어지다니, 우스꽝스러운 상황에서 웃을 것인가, 울 것인가. 이것을 심각하지 않게 넘기려고 오히려 많이 웃었다.

그때 막내가 갓 돌을 지낸 상태였으니 아이 넷을 데리고 여섯 식구가 참 힘든 상황이었다. 그 교회 중이층에서 나는 새벽마다 유달산을 돌았다. 본당 바로 위라 새벽 기도가 알람이자 하루의 시작이었다. 새벽의 유달산은 신선한 공기를 내게 한껏 내주었다. 그렇게 하루를 살아갈 힘을 받은 나는 새벽의 맛을 알게 되었다. 요즘도 주일 예배가 끝나면 남편이랑 유달산 주변을 한 바퀴 돌고 온다. 그때 나를 지킨 건 새벽마다 내려와 예배당에 앉아 기도하던 시간, 그리고 새벽 기도가 끝나고 유달산 둘레를 산책하며 자연을 들이마셨던 시간이었다. 너무 열악하다고 생각했기에 설마 하나님이 이 기간을 길게 두지 않을 거라는 막연한 기대 또한 한몫했다. 그러면서도 시골 교회와 유달산 아래 교회 중이층에서 맛보게 된 새벽 기도의 맛을 잃고 싶지가 않았다. 만약 이 시간이 강제적인 의무로 주어졌다면 새벽 기도가 좋기는커녕 끔찍한 시간이었을지도 모른다. 그러나 아이가 넷인 나에게 아무도 그런 기대와 강요를 하지 않았다. 단지 그 새벽, 나만의 기도 시간에 대한 갈급함이 좋았다.

하나님과의 친밀함을 한번 맛보기 시작하면 다른 것과는 비교가 안 된다. 그 시간을 누리면 다른 어려움들이 가져다 주는 고통은 희석이 되는 것 같았다. 그렇게 8개월을 살았을까? 가장 더운 여름 방학 때 더위서 두통이 생길 즈음엔 아예 밖으로 나갔다. 강원도랑 서울 친정, 동탄에 있는 아가씨네 집을 전전하며 그 찜통 같은 공간에서 도망을 갔다. 가을이 왔고 이젠 슬슬 겨울이 올 무렵 갑자기 지금 사는 집으로 옮길 수 있었다.

유달산 밑에서 동목포 용당동으로

옮긴 집도 낡고 오래되긴 했으나 교회 밑 중이층에 비하면 훨씬 나았다. 남편이 어렸을 때 살았던 집인데 세 들어 살던 사람이 밀린 사글세를 떼어먹고 야반도주해서 집에 비게 되었다. 집이 워낙 오래되고 낡아 새로 사람을 들이기도 애매해서 마침 우리는 갈 곳이 없으니 자연스레 이 집으로 들어오게 된 것이다. 집이 생겨서 좋았을까? 꼭 그렇지만은 않았다. 사실 좀 맥이 풀렸다. 물론 교회 중이층의 그 열악한 상황을 벗어난 것은 다행이었지만 어쩐지 장기전에 돌입한 것만 같았다. 새로운 출발을 기대했는데 정말 주저앉게 되는 상황을 예감했다. 여기서 7년을 살았으니 그 예감이 틀리지는 않았다.

그때까지만 해도 이 집에서 이렇게 오랜 시간을 살게 될 줄은 몰랐다. 우리 관심은 하나님이 어떤 일을 예비하고 계실까, 앞으로 어떤 사역을 하게 될까에 있었다. 하나님이 무언가를 원하시는 것 같은데 그것을 알 수 없으니 답답했다. 살아 보니 완벽하게 최악도 없고 완전하게 최상도 없다. 힘들고 어려운 상황 중에도 좋은 일이 없는 건 아니고 다 좋아 보여도 아쉬운 면이 꼭 있다. 정도의 차이지 다른 여백은 늘 있었다. 산 아래 풍경은 그때와 다름없고 달라진 것이라면 우리가 나이가 조금 더 들었고 인생을 좀 더 알아 가고 있는 중이라는 것이다. 그리고 이제는 많이 두렵지 않다. 그 사이 우리도 많이 자랐다.

용당동, 남편의 고향집에서

2015년 11월, 우린 목포 용당동으로 짐을 옮겼다. 그 집은 남편이 어렸을 때 살았던 집이다. 마침 갈 곳 없는 우리가 잠시 머무르기에 적당해 보였다. 처음 서울을 떠나기로 했을 때 남편은 목포로 내려가고 싶어 하지 않았다. 한번 내려가면 올라오기 힘들다며 주저했다. 특히 용당동 집만은 가고 싶지 않다고, 거기까지 가게 된다면 자기는 완전히 실패한 느낌이 들 것 같다고 했다. 그래서 낙향을 꺼려했다. 그에게는 용당동이 가장 마지막 종착역인 것처럼 보였나 보다.

부모님의 교회도 마찬가지였다. 고등학교 마치고 고향을 떠날 때 다시는 되돌아가지 않겠다고 했으니 그곳으로 가게 될 줄은 상상도 못했을 것이다. 인생은 정말 뜻대로 되지 않는 게 분명하다.

그렇게 피하고 싶었지만 다시 돌고 돌아 결국 가게 된 곳이 용당동 집이고 부모님의 교회였다. 애써 마음을 다독이며 여기도 '잠시 머무는 정거장'일 거라고 믿었다. 잠깐 짐을 푸는 간이역 정도이고 곧 길이 열릴 거라고 기대했다. 그런데 시간이 흐르고 아무리 기다려도 변화의 기미가 보이지 않았다. 교회는 부모님 교회에 다녔다. 부모님은 남편에게 주일 설교를 맡기셨다. 하지만 성도는 할머니 몇 분과 가족들뿐이었다. 경제적으로도 점점 어려워졌다. 아이 넷을 키워야 하는데 소득이 없었다.

결혼 후 우리의 여정은 새로운 환경을 향한 도전과 모험의 연속이었다. 미래를 예측할 수는 없었지만 드라마틱한 일들이 일어나고 생동감이 있었다. 힘들긴 했어도 지루하거나 정체되는 느낌은 아니었다. 그런데 목포는 왠지 후퇴하는 기분이었다. 임시 거처라고 믿고 싶었지만 어딘지 불안했다. 이쯤해서 뭔가 새로운 길이 열려야 하는데 아무 일도 일어나지 않았다.

우리 집 맞은 편에는 남편을 어렸을 때부터 보았던 세탁소 아저씨가 계시고 옆집에 사시는 분도 40년전부터 계셨던 분들이다. 개발이 더딘 동네라서 40년 전 모습과 거의 비슷하다. 분위기는 레트로 감성이다. 그때와 다를 게 없는 간판과 건물들, 골목 풍경은 1980년대를 연상하게 한다. 목포에서 촬영했다는 영화 <1987>의 연희네 슈퍼 같은 구멍가게는 이 동네에 흔하다. 갑자기 타임머신을 타고 몇 십 년 뒤로 돌아간 것 같았다. 그것이 싫었던 건 아니다.

하지만 잠깐 여행이라면 모를까 이곳에 주저앉아 계속 살고 싶다는 생각은 들지 않았다. 목포는 하당 쪽으로 가야 그나마 좀 번화하지 구심이나 대부분의 지역은 아직도 그대로다. 개발이 되지 않은 것과 낙후된 것은 다르다. 목포가 옛날 모습을 잘 살려 더 멋진 풍경이 많아지면 좋겠다. 바다와 항구, 유달산 같은 바위산도 있는 매력적인 곳이다.

동네에서 우리가 가장 좋아했던 곳은 기찻길 공원이다. 동목포역이 있던 자리, 기차역은 사라지고 지금은 공원이 되었다. 기차선로가 있던 자리에 긴 산책로가 생긴 것이다. 옛날에는 그곳이 우범지역이었다던데 지금은 지역 주민들이 사랑하고 애용하는 길이 되었다. 걷는 걸 좋아하는 남편과 나는 그 공원 산책길을 발견하고 너무 기뻤다. 아이들은 매일 그 길을 따라 등교를 했다. 그 길을 하루에도 몇 번씩 걸어다녔다. 길 따라 가로 선 나무들, 멀리 보이는 양을산, 낮은 건물들 덕에 탁 트인 하늘 풍경들이 내게는 새로운 즐거움이었다. 철마다 달리 피는 꽃나무들을 보며 내 인생 어느 때에 이런 것들을 음미하고 살았던가 싶다. 여기 와서 동백꽃을 알았고 은목서의 은은한 향기를 맡게 되었다. 아이들과 손잡고 거니는 여유를 맛보았다. 그러고 보면 인생이란 참 알다가도 모르겠다. 아무리 어두운 곳에 있어도 사방 어딘가에는 뜻밖의 위로와 기쁨들이 숨어 있다.

광야, 훈련받는 시간

무엇을 기다리는지도 모르고 기다리는 시간이 힘든 이유는 그 시간에도 인생이라는 과제는 끊임없이 이어지기 때문이다. 우리는 가난했다. 그동안 여유 있게 산 적은 없지만 이번 가난은 달랐다. 장기적으로 이어지는, 희망 없어 보이는 가난이었다. 그 무렵 읽었던 독일 작가 페터 한트케(Peter Handke)의 「왼손잡이 여인」이라는 책에서 이런 구절이 나오는데 절절이 내 마음에 와 닿았다.

> 가난이라는 것은 물론 깨끗이 뜨거운 물로 소독이 되었다는 것을 알고 있으나 밤사이 식구들의 요강으로, 변기로 사용되었던 사기 단지가 아침이면 뜨거운 물에 깨끗이 소독돼서 식탁에 올라오고 그것이 스프그릇으로 사용되는 것이다.

그나마 우리가 변기를 식기로 다시 써야 할 만큼의 상황은 아니라는 게 다행인 건가? 우리에게 가난이란 어쩐지 낡아지고 바래진 우중충함을 입고 살아야 하는 삶처럼 느껴졌다. 그래도 씩씩하게 잘 버틴다고 믿고 있었는데 몸은 마음보다 훨씬 정직했다. 몸에 이상이 생겼다. 육안으로 보일 만큼 목에 혹이 돋았다. 갑상선에 혹이 생긴 것이다. 계란 반쪽 사이즈만큼 커졌는데 그걸 몰랐다. 집이 너무 추워서 겨우 내내 스카프를 목에 두르고 있어서 그랬나보다. 당시 나의 삶이 너무 피곤하기도 했다. 눈에 보이는 혹도 모르고 있었다니. '저게 언제부터 있었던걸까?' 나에 대해 너무 무신경했나 보다. 엎친데 덮친 격으로 혹을 제거하는 시술을 하자마자 교통사고가 났다. 할 수 없이 치료와 휴식을 위해 며칠 간 입원을 했다. 아이들도 걱정이고 무거운 마음으로 들어간 병원, 그런데 그 며칠이 내게는 꿀같은 쉼과 힐링의 시간이었다. 심한 통증이 있거나 중병이 아니라서 그랬던 걸까. 혼자 있는 그 시간이 그렇게 좋을 수가 없었다. 계속 잠만 잤다. 오랜만에 방해받지 않고 쉬는 느낌이었다. 몇 년 만에 처음으로 여유롭게 밥을 먹고 제때 자 본 것 같았다. 게다가 걱정하던 갑상선 시술비, 병원비도 다 채워졌다. 보험, 적금, 쌓아 놓은 돈이 없어도 이런 급한 사정은 하나님도 봐주시나 보다.

그 당시 남편은 간헐적으로 집회 강사가 되어 말씀을 전하고 있었다. 그나마 한 달에 한 번씩 찬양 집회, 교회 부흥회를 준비하는 것이 그를 버티게 하는 끈이었다. 말씀을 준비하고 전하는 일만은 그에게 소망과 위로를 주는 것 같았다. 그때 불러 준 분들에게는 참 고마운 마음이다. 어려움에 빠진 누군가를 격려하고 돕는 것은 무엇일까 생각하게 된다. 재정적으로 돕는 것도 고마운 일이지만 정말 필요한 도움은 그 사람으로 하여금 할 일을 주고 그것으로 힘을 얻게 하는 것이다. 남편은 그렇게 말씀을 전하고 오면 회복되곤 했다. 찬양 집회를 갈 때 어떤 때는 사례비를 받지 않고 서울까지 교통비를 자비로 부담해 가며 다녔다. 그럼에도 전하는 일 자체가 그에게는 위로였다. 주일이면 부모님 교회에서 설교를 했다. 남편은 그게 자기를 살린다고 말했다. 말씀을 전할 때 적어도 그 말씀이 자기 자신에게 선포된다는 것이다. 말씀 암송 역시 같은 이유로 하고 있다. 말씀을 뱉는 것 자체가 강력한 힘이라고 한다. 서울에서 부교역자로 있을 때 설교 한 번 제대로 못하고 매일 행정적인 일로 소진했던 것을 생각하면 가난해도 지금처럼 말씀을 전할 수 있는 것이 복되다는 것이다.

하지만 할머니 몇 분과 우리 가족이 전부인 교회에서는 사례비를 받을 수 있는 상황이 아니었다. 오히려 우리가 헌금을 더 해야 했다. 남편은 그때부터 노동을 시작했다.

아래는 2022년 10월 어느 주일 풍경을 담은 일기다.

> 우리 교회 할머니 한 분은 코로나 이후로 뜸하셨다. 할아버지가 교회를 못 가게 하신다고 했다. 안 그래도 주일에 나가는 게 못마땅한데 코로나가 터지니까 더 반대하셨던 모양이다. 그런데 1년전쯤인가 할머니가 오랜만에 나오시더니 그 후로는 빠지지 않고 예배를 드리신다. 할아버지가 마음이 변하셨나 신기했다. 그런데 나중에 그 이유를 알게 되었다.
> 그건 바로 '간식'때문이었다. 어느 날 고구마를 오븐에 구워 가져갔는데 할머니들이 너무 좋아하셔서 그 이후로 주일 고정 간식이 되었다. 내가 어렸을 적 할머니랑 살아서 그런지 할머니

들이 '단 거'를 얼마나 좋아하시는지 잘 안다. 달콤한 고구마랑 빵, 음료수는 주일마다 그렇게 환영을 받았다.

그런데 그 할아버지가 꽂힌 건 '빵'이었다. 주일마다 할머니가 갖다주는 빵(주로 단팥빵)을 기다리신다는 할아버지. "내일 빵 오는 날인가?" 하고 토요일에 은근히 물으신다고 한다. 그 말을 들으니 더욱 간식 당번을 멈출 수가 없었다. 그래서 매주 간식을 준비한다.

사실 아이들이 더 좋아한다. 목포에 유명한 빵 집에서 사 가는데 주일마다 빵 고르는 재미가 쏠쏠하기 때문이다. 결과적으로 그 할머니는 주일에 아무런 방해 없이 교회에 나오신다. 사소한 것들이 주는 영향이 이렇게 크다니! 작은 일에 더 신경을 써야겠다.

노동하는 남편, 노동하는 목사님

남편은 군대에 갔다 오고 휴학하는 동안 노동을 해 봤고, 결혼하고서도 사역의 공백이 있을 때 종종 일을 했다. 미국에 있을 때는 한인 식당에서도 일을 했다. 그런데 이렇게 본격적으로 노동하는 건 처음이다. 문화 차이인지는 몰라도 외국에서의 노동은 좀 더 자유로웠다. 그때는 공부하고 홀서빙 파트타임을 하며 주중에는 사역을 했는데, 유학생들은 그렇게 일하면서 사는 게 자연스러웠다. 미국에서는 이민자들이 대부분 힘든 일을 하고 지내니까 그게 당연했다. 하지만 한국에서는 목사가 일용직 노동을 한다는 게 쉬운 일은 아니었다. 하더라도 드러내지 않는 분위기였다. 목사가 사역을 해야지 무슨 노동을 하느냐는 말도 종종 들었다.

보통 새벽에 일찍 인력소에 나가면 일이 배당될 때까지 기다린다고 한다. 막상 일이 시작되는 시간은 아침 7-8시인데 새벽 6시 전에는 가야 한다. 그렇게 대기하다가 일이 생기면 나가지만 일거리가 없는 날에는 허탕을 친다. 그냥 오는 날도 종종 있었다. 하는 일이 거칠다 보니 다치기도 한다. 오랜 기간 책상에 앉아 있던 사람이 육체 노동을 하려니 몸이 따라 주지 않아 한동안 몸살을 앓았다. 노동하는 것이 육체적으로 고단하지만 마음이 상하는 일이 생기면 더 힘들다. 반말은 보통이고 욕설이 일상사라 나중에는 욕을 들어도 욕인지 구분이 안 간다고 했다. 그래도 남편은 꽤 씩씩하게 일을 했다. 옷은 누더기 같았지만 노동이 그의 몸과 마음을 단순하고 강인하게 해주었다.

일하다가도 가끔 교회 부흥회가 있으면 일을 멈추고 말씀 준비를 하고 전하기도 했다. 그럴 땐 깨끗한 양복을 입는 것만으로도 즐거워했다. 부흥회가 끝나고 다시 노동하러 가는 날엔 마치 높은 곳에 있다가 깊은 바닥으로 내려가는 기분이 든다고 했다. 이렇게 양극단의 자리를 오가며 그는 버티고 있었다. 겨울이면 발가락이 얼었고 여름이면 머리에 쓴 안전모 속이 너무 뜨거워 두통이 생긴다고 했다. 집에 돌아오면 녹초가 되어 축 늘어지는 남편을 볼 때마다 하나님에게 물었다. "왜 꼭 이렇게까지 해야 하나요?" 이것이 무슨 뜻인지, 수없이 "왜"를 반복했다. 이해할 수 없었다. 그동안은 우리가 늘 떠나는 데 명수라고 생각했는데 이번에는 전혀 움직일 수가 없었다. '설마, 평생 이러고 살아야 하는 건 아니겠지?' 도통 알 수가 없었다. 하지만 그러면서도 나는 그의 내면에 흐르는 알 수 없는 기쁨의 노래를 들을 수 있었다. 그에게는 생명과 기쁨이 있었다.

아래 글은 남편이 노동하는 동안 간간히 남긴 그의 기록들이다.

두려움은 이제 보니 나를 지켜 내는 건강한 안전 장치였어.
기획되고 계산된 인생을 살 수 있다는 자신만만함과는 거리가 멀지.
새벽 공사판에 나갈 때가 늘 그래.
오늘처럼 물이 차오르는 엘리베이터의 좁은 공간에 장화를 신고 들어가 차가운 지하의 기운이 느껴질 때도 그렇고.
결국 내 인생의 주권자는 내가 아니야. 하나님이 원하시면 나는 이 자리를 계속 살아 내야 할 사람이야. 만약 그러하다면 최소한 옆에서 일하는 형들, 동생들, 몇 명 안 되지만 교회 식구들, 은혜, 요한, 요엘, 지혜 그리고 사랑하는 아내에게라도 작은 빛을 비추고 싶어.

〈아파트 지하 공사장〉

큰 물고기의 뱃속이 이러할까?

빗물로 잠긴 바닥은 첨벙첨벙 바다 소리가 났고,

솟아오른 파이프는 그 짐승의 가시처럼 촘촘했다.

"물이 나의 영혼까지 둘렀사오며 깊음이 나를 에워싸고 바다 풀이 내 머리를 감쌌나이다"(욘 2:5).

하나님 앞에 홀로 서는 법

하나님을 더 깊이 알고, 경험하고, 믿고 싶었다. 우리의 지난 여정은 그것들을 찾아다니는 시간이었다. 낯선 땅에서, 새로운 경험 속에서, 아니면 능력이 뛰어난 목사님이나 교회 공동체에서 찾아보려고 했다. 아니면 어떤 특별한 영적 경험을 통해 하나님에 대한 깊은 체험을 하게 될 거라 생각했다. 그래서 모험을 했고 나름 정체되지 않게 살아 왔다. 그런데 어쩐 일인지 꼼짝달싹하지 못하고 이곳에 묶여 버렸다. 잠시 머물 정거장이라고 생각한 이곳에서 나는 아이를 키우고 남편은 노동자로 하루하루를 살아가고 있다. 일상이 다람쥐 쳇바퀴 돌 듯 반복되고 우리 삶에는 어떤 희망도, 변화도 없어 보였다.

내게 힘든 것 중 하나가 주거 환경이었다. 미국 여행 중에 뉴저지에 있는 목사님 거실에서 머물 때도 그랬다. '어떻게 남의 집 거실에서 살 수가 있지? 그러고 산다는 게 이해할 수 없었다. 굴욕적이라고 느꼈다. 텍사스로 돌아와 지냈던 아파트에서 침대도 없이 바닥에 이불을 깔고 잘 때도 그랬다. 한국이라면 침대가 없어도 괜찮지만 온돌도 아닌 미국에서 이불만 깔고 누우려니 처량한 생각이 들었다. 더구나 아이 둘도 있는데 말이다.

목포 교회에서의 열악했던 중이층 공간에서도 그랬다. 하지만 그때는 스스로 여행 중이라고 생각했다. '이건 잠시 거주하는 거잖아!'라며 마음을 추스렸다. '떠돌이 생활인데 그 정도는 감수해야지, 곧 어딘가 좋은 곳에 정착하겠지' 하고 생각했다.

그래서일까? 용당동 집에 왔을 때도 잠시 머물다 갈 것처럼 지냈다. 방 한구석에 풀지 않은 짐들을 쌓아 놓고 곧 어디론가 떠나갈 것처럼 생활했다. 그런데 아무리 기다려도 변화의 기미가 보이지 않았다. '설마 이곳에서 계속 살아야만 하는 걸까?'

40년 넘은 주택, 난방이라곤 방에 깔린 판넬 하나, 그마저도 방 한 개에만 설치되어 있었다. 온수는 화장실에 설치된 순간 온수기로 LPG가스에 연결해야 쓸 수 있었다. 부엌은 옛날식이라 방에서 계단을 한 칸 내려가 들어가는 구조였다. 너무 불편했다. 심지어 찬물만 나왔다. 여름이면 찜통이고 겨울이면 입김이 나오는 부엌, 설거지를 하는 건 끔찍했다. 고무장갑 안에 목장갑을 끼면서 여름과 겨울을 났다. 쥐랑도 가끔 인사하고, 습해서 여기저기 곰팡이가 피어올랐다. 이제 민달팽이와 거미 정도는 신경도 쓰이지 않는다. 그곳이 우리의 정착지라면 말도 안된다고 생각했다. "언젠가는 이곳에서 떠날거야!"를 수없이 외쳤다. 기도할 여유가 없는 문제도 컸다. 그간 나를 지탱해 주었던 것은 새벽기도였는데 이제는 갈 수가 없었다. 네 아이를 돌보고 집안 일을 하다 보면 훌쩍 하루가 지나가버렸다. 온종일 바쁜데도 마음은 비어 있는 느낌이었다. 뭐라도 안 하면 안 될 것 같았다.

그때 눈에 들어온 곳이 지하실이었다. 부엌 안에 있는 작은 문을 열면 지하실로 내려가는 계단이 있었다. 습하고 지저분한 곳이었지만 공간이 방 하나 정도로 꽤 넓었다. 그곳을 치우고 책상을 갖다 놓았다. 무엇이든 해야 했다. 그때부터 지하실이 나의 기도 공간, 책을 읽고 글을 쓰는 공간이 되었다.

거기에서 처음으로 혼자 하나님 앞에 서는 법을 익혔다. 남편도 새벽 인력소로 나가기 전에 잠시, 일 마치고 집으로 돌아와 잠깐이라도 지하실을 찾았다. 깊고 어두운 동굴 같은 지하실, 그곳에서 우린 하나님과 만나기 시작했다. 주님과 매일 만나는 법을 배웠다. 하나님의 임재는 다름 아닌 골방, 우리가 하나님을 부르는 그곳에 있다. 그리고 나는 그곳에서 글을 썼다.

지하실에서 쓴 글

아래는 그 당시 일하는 남편을 생각하며 쓴 글이다. 수필 공모전에 "노동자 남편"이라는 제목으로 글을 써서 입선한 작품의 일부이다.

남편이 일용직 노동자로 일하기 시작한 지 1년 반이 넘어가고 있다. 대학원을 졸업하고 유학까지 갔다 온 그가 노동 현장을 찾아 나설 수밖에 없었던 사연은 여러 가지가 있지만 가장 일차적인 이유는 돈을 벌기 위해서였다. 아이 넷을 둔 여섯 식구의 가장으로서 가족을 먹여 살리려고 그는 일을 시작했다. 주중엔 노동자의 삶을 살고 일요일이면 작고 가난한 교회에 가서 말씀을 전하는 설교자가 되었다.

오랫동안 몸을 써 보지 않은 자가 몸을 쓰는 노동자로서의 전환은 생각보다 쉽지 않았다.

처음 몇 달은 몸의 지체들이 익숙지 않은 변화에 항의하듯 돌아가며 고통을 호소했다. 어깨, 팔, 무릎, 허리로 몸의 주요 부분들이 아우성을 치며 저항했지만 모든 것이 그러하듯 그의 육체는 반복된 시간을 거치며 새로운 변화를 받아 들였고 순응했다. 새벽에 인력소를 향하는 남편은 가장 허름한 옷을 걸치고 모자를 쓰고 군화같이 튼튼하게 생긴 신발을 신고 나간다. 고된 하루를 마치고 돌아오는 저녁 그의 옷은 땀으로 절고 흙투성이가 되고 얼굴은 바람과 햇볕에 그을려 검붉은 빛을 띤다. 그에게서 낯설고 원시적인 냄새가 난다. 바닷바람의 짠 냄새, 흙냄새, 마른 풀 냄새를 맡으며 나는 그의 하루를 짐작해 본다. 어떤 날은 집 안에 모래와 진흙을 뿌리며, 때론 기름기가 밴 양말이 지나간 자리에 그의 발자국이 찍힌다. 내가 할 수 있는 일은 현관에서 욕실을 따라 찍어 놓은 흔적을 쓸어 내고 닦는 일, 신발과 옷에 묻어 온 자국들을 털어 주는 일이다. 벗어 놓은 그의 옷들을 물에 담그고 흙들을 헹군다. 아무리 치대어 빨아도 흙 자국은 쉽게 지워지지 않는다. 날이 갈수록 그의 옷은 누가 봐도 노동하는 사람의 것, 오래도록 노동의 흔적이 밴 옷이 되어 간다. 옷을 벗고 몸을 씻은 남편은 피곤한 몸을 일으켜 밥을 뜬다. 소진한 육체에 에너지를 보충하기라도 하듯 그는 밥을 맛있게 많이 먹는다. 옛날 종일 밭에서 농사일을 하고 온 농사꾼이 일을 마치고 돌아와 고봉으로 올린 밥그릇, 찬 두어 개로 조촐하게 차린 밥상을 마주하고 이렇게 먹었을까? 확연히 달라진 그의 식성에 놀란다. 밥 두 그릇을 뚝딱 해치우고 나면 그는 쓰러지듯 침대에 누워 곯아떨어진다.

하루 벌어 하루 사는 일용직 노동자의 삶에 어떤 희망이 있을까? 하루치 일당으로 술을 사고 담배를 사고 금세 탕진하고 마는 삶을 사는 사람들. 희망 없는 삶, 그저 하루살이의 삶을 사는 이들과 함께 남편은 새벽부터 저녁까지 일을 한다. 그러나 어떤 면에서 그들은 성실하다. 새벽이 되면 어김없이 인력소를 찾는다. 거짓이나 술수가 통하지 않는 노동의 현장에서 오로지 땀을 흘려 몸을 움직여 일을 한다.

남편은 가끔씩 그날 만난 사람들의 삶을 집으로 실어 온다. 사랑하는 가족들을 위해 먼 나라에 와서 노동하여 번 돈을 보내는 외국인 노동자들의 이야기, 한때 든든한 회사와 잘 나가던 사업이 망해서 노동 현장을 찾아온 가장들의 아픈 인생 스토리들, 결혼은 꿈도 못 꾼다는 노총각들의 사연은 마음을 눅눅하게 만든다. 먼지를 뒤집어 쓴 재투성이 아가씨 신데렐라와 도깨비 방망이로 뚝딱 부자가 된 혹부리 아저씨의 이야기처럼 우리에게도 인생 역전이 일어났으면 좋겠다는 생각이 바람처럼 일어난다. 사람들이 왜 복권 가게 앞에서 서성이며 1등 당첨 가게라고 적힌 현수막에 흔들리는지 알 것 같다.

 올 여름, 대륙을 태워 버릴 것 같은 열기가 온 땅을 덮었다. 머리에 안전모를 쓰고 내리쬐는 햇볕을 맞으며 일을 하고 있으면 모자와 머리 사이는 바깥보다 뜨거운 공기가 압축되어 머리를 누른다. 잠깐 집중력이 흐려지면 휘청거리고 균형을 잃는다. 이번 여름 유독 공사장엔 추락사와 안타까운 사고가 많았다. 나의 남편도 그들 중에 하나일 수 있겠다는 생각에 걱정이 되었다. 그가 이렇게 일하기 시작한 이후로 나는 마치 세상에 어둡고 후미진 어딘가를 처음 발견한 것처럼 굴었다. 한참동안 뉴스나 신문에서 이런 기사들만 찾아 내었고 억울해 하며 분개했다. 지금까지 살아온 나의 삶은 넓은 우주 안에 떠 있는 아주 작은 행성에 불과하다는 걸 처음 알게 된 어린아이처럼 움츠러들었다. 어디로 가야 할지 길을 잃은 것 같았다.

기나긴 여름은 더디게 갔다. 초복 중복 말복을 지나도 열기는 식지 않았고 빗방울 하나 내려 주지 않는 자연에 기가 질렸다. 더위가 절정에 오르던 어느 날이었다. 그날은 빨래하기도 지쳐 하루를 쉬었다. 그러다가 옥상 화분에 심어 놓은 꽃들에게 물 주는 걸 깜빡하고 이틀을 지나쳐 버렸다. 생각나서 올라갔더니 잎은 바스락거릴 만큼 말랐고 꽃줄기는 힘을 잃고 휘어져 버렸다. 물을 몇 동이나 퍼부었다. 혹시라도 살기를 바랐다. 아이들이 좋아하는 꽃인데 물을 안줘서 죽어 버린다면 실망이 클 것 같았다.

밤을 지나고 아침에 얼른 화분을 보러 올라갔다. 휘어졌던 줄기가 일어서고 고개 숙인 꽃들이 머리를 들어 하늘을 향하고 있었다.

나는 터져 나오는 기쁨에 탄성을 질렀다. 간밤에 그 힘없는 여린 뿌리로 악착같이 물기를 빨아들이고 줄기에 양분을 보내느라 치열한 전투를 치른 것 같았다. 쓰러진 줄기가 일어나고 아래를 향하던 꽃대가 얼굴을 들었다. 잎 끝자락은 여전히 노란 빛으로 말라 있었지만 생명의 기운이 돌아왔다. 꽃들은 죽음의 고비를 넘기고 다시 살아났다.

한 낮의 태양은 여전히 뜨겁지만 어느 덧 새벽에 스치는 공기가 변했다. 서늘한 바람이 창문을 타고 들어온다. 한차례 고비를 넘긴 옥상 밭엔 백일홍이 줄지어 피어나고 초록의 생기가 올라왔다. 가을이 익어 가고 쌀쌀한 바람이 부는 어느 날 꽃들은 내게 씨앗을 선물해 줄지도 모른다. 그러면 잘 받아 두어 겨울 내 싸 두었다가 내년 봄에 아이들과 꽃밭에 뿌릴 것이다.

여름의 고통은 어느새 잊어버렸는지 나는 벌써 이듬 해 봄을 생각하고 있다. 다른 꽃씨들도 구해다 멋진 꽃밭을 일궈 볼 요량을 한다.

남편 역시 또 한 번의 뜨거운 여름을 통과하였다. 그의 땀으로 우리 여섯 식구는 밥을 먹고 아이들은 자랐다. 이번 여름, 그의 노동은 우리에게 생명이었다. 뜨거운 태양을 버티게 해 준 고마운 수분이자 든든한 토양이었다.

신에게 질문을 했다. 대답대신 그는 내게 다시 질문을 던졌다 "내가 땅의 기초를 놓을 때에 네가 어디 있었느냐 네가 깨달아 알았거든 말할지어다"(욥 38:4).

묻기를 멈추고 길을 걷는다. 그러나 때로는 가던 길을 멈추고 질문을 던진다.

오늘 새벽 문을 나서는 남편, 그의 뒷모습에서 구도자의 빛을 본다. 살아 내어야 알아지는 신비, 그 답을 오늘도 우리는 찾아 나선다.

더 깊어지는 하나님과의 만남

끝이 보이지 않는 긴 터널을 걷고 있었다. 이제나 저제나 터널이 끝나고 탈출하기를 바라고 있는 우리에게 하나님은 다시 기초부터 쌓으라고 하시는 것 같았다. 우리는 목표와 결과에 관심이 있지만 하나님은 우리가 어떤 존재인지, 우리가 어떻게 그 단계를 지나고 있는지, 우리의 존재 방식에 관심이 있으시다. 아무렇게나 그 단계를 추월할 수 없다. 시간이 흐른다고 저절로 더 높은 단계로 올라가지 않는다. 그때그때 맞는 훈련을 통과해야 다음 단계로 가게 된다.

눈에 보이는 결과나 변화는 거의 없었다. 그러나 하나님은 우리를 점점 바꾸어 가셨다. 사소한 일부터, 삶의 태도와 습관, 영적인 생활 하나하나 기초를 세워 가셨다. 어떤 세미나나 훈련, 부흥회나 수련회 같은 걸로는 사람이 변화되지 않는다. 변화가 될 강한 동기를 던져주거나 자극을 줄지는 모르지만 변화란 철저히 하나님과 나, 개인적인 관계를 통해 이루어진다.

내 안에 계신 예수님이 나를 변화시킬 때 가능하다. 지극히 내밀하고 깊은 곳에서 이것이 이루어진다. 변화는 내 개인에게 요구하시는 구체적인 말씀에 대해 순종함으로, 아주 사소한 일에 그것을 반복함으로 이루어진다. 훈련은 반복에서 나온다는 것을 배웠다. 반복이 습관이 되는데 스스로 만들어 낸 습관은 교만해지기 쉽다. 하지만 하나님을 의지함으로 형성된 습관은 겸손을 담게 된다. 나를 만드는 주체가 바뀌는 것이다.

이 둘 사이를 오가며 이루기도 하고 무너지기도 하며 배우게 된다. 무엇을 이루었는지 무엇을 가졌는지는 점점 희미해진다. 중요한 건 지금 이 순간 내가 무엇을 열망하고 있는지 무엇에 목마르고 애를 태우는지, 하나님을 향한 나의 상태였다.

「지하실에서 온 편지」가 탄생하다

막내 지혜를 어린이집에 보내기 시작하면서 내 삶에 좀 더 여유가 찾아왔다. 새벽에 일어나 지하실에서 시간을 보내고 아침을 해서 아이들을 등교시키고 나면 나만의 시간이 생겼다. 그때 책을 읽고 흩어졌던 나의 생각들을 조각조각 모으고 글을 썼다.

그날그날 소회들을 글로 풀어 가기 시작했고 마침내 그 글들이 모여 책으로 나오게 되었다. 나의 첫 책 「지하실에서 온 편지」가 탄생했다.

책의 서두에 썼던 글들이 그 당시의 소감을 말해 준다.

> 이 책의 대부분은 우리 집 지하실에서 쓴 글들입니다.
> 이곳으로 이사 오던 당시 우리는 인생의 하강 곡선을 그리고 있었습니다. 어쩌면 더 이상 내려갈 곳이 없을지도 모르겠다는 심정이었고 그 예감은 빗나가지 않았습니다. 이곳에서 남편은 일용직 노동자의 삶을 살아 냈으니까요.
> "이렇게 사는 것이 무슨 의미가 있을까? 우리 삶은 우리 스스로를 버티는 데 다 쓰고 있는 것 같아!" 남편에게 종종 이런 투정을 부렸습니다. 뭔가 의미 있는 멋진 일을 하고 싶은데 우리 삶

이 너무 초라해 보였거든요. 그때 남편이 이렇게 말했습니다. "때로는 버텨 내는 것, 그 자체만으로 충분할 때가 있어. 지금 우리가 그런 것 같아"라고 말이지요. 그리고 정말 남편은 노동을 하며 하루하루 그렇게 삶을 버티고 있었습니다.

"삶은 문제의 연속이다. 삶이 힘든 것은 문제를 직면하고 해결하는 과정이 고통스러워서다. 하지만 당면한 문제를 해결하는 이 모든 과정 속에 삶의 의미가 있다."_스캇 펙

과정에 의미가 있다는 것, 이 과정에 하나님의 뜻이 숨어 있다는 생각이 들었습니다. 그럼에도 삶이란 원래 힘든 거라는 걸 인정하기까지는 시간이 걸렸습니다. 그러다 그런 고통스러운 삶을 살아 내는 것이 나의 몫이라는 걸 깨달았을 때 무언가 하고 싶다는 생각이 들었습니다.

처음 이곳에 낡고 오래된 지하실이 있다는 것을 알았지만 별 관심 없이 몇 달을 지냈습니다. 짐을 아무데나 내려놓고 마치 여행객처럼 이곳에 뿌리내리지 못하고 부유하며 살았습니다. 그러다가 지하실이 보이기 시작했습니다. 무언가를 해야겠다는 생각이 들었고 지하실을 치우고 책상을 갖다 놓았습니다. 불과 몇 계단 아래인데 지하실에 내려오면 세상과 분리된 것 같은 느낌이 들었습니다. 아무도 없는 깊은 곳으로 떨어져 버

린 기분이 들기도 하고 세상에서 가장 아늑한 곳에 와 있는 것 같기도 했습니다.

지하실은 나에게 하나님을 부르는 곳, 그분의 말씀을 읽고 듣는 곳, 그리고 나의 생각의 조각들을 정리하는 곳입니다. 내 마음에 흘러 다니는 생각을 모으고 하나님 앞에 나아가면 하나님은 그것들을 가지런히 정리해 주셨습니다.

여덟 번째 모험_주말부부 4년

시골 교회에서 2년, 목포에서 8년, 그중 지하실이 있던 그 집에서 4년 째를 지날 때였다. 남편은 노동을 하고 있는 중이었다. 그러던 어느 날 서울에 있는 KWMA(한국세계선교협의회)라는 곳에서 연락이 왔다. 남편에게 함께 일하자는 제안이었다. 그 당시만 해도 KWMA가 어떤 곳인지, 무슨 일을 하는 곳인지 잘 모르고 있었다. 나중에 알고 보니 선교단체들의 연합 기구로 교계로 치면 총회 같은 곳이었다. 그런데 교회 교단은 여러 개로 나뉘어 있는데 우리나라 선교회는 하나의 연합 기구 아래 모여 있다는 사실을 알게 되었다. 선교단체들의 본부인 셈이다. 그곳에서의 경험은 선교에 대한 이해와 새로운 시각을 갖게 해 주었다. 언제나 그렇지만 하나님의 인도하심은 우리의 예상과 상상을 뛰어넘는다.

하나님은 그렇게 남편을 목포의 노동에서 건져 주셨다. 우리가 알지도 못하는 곳에서 불러 주실 줄 어떻게 알겠는가, 그래서 뭘 구할 때마다 난감하다. 하나님이 주시는 길이 어딘지 알아야 구할 것이 아닌가? 매번 이렇게 우리가 알지 못할 것으로 주신다면 무엇을 기도해야 할지 모르겠다. 궁지에 몰리거나 다급해질 때조차 "ㅇㅇ(을)를 해 주세요!"라고 하기가 참 곤란해진다. 하나님은 우리가 구한 그 ㅇㅇ(이)가 아니라 다른 무엇으로 해결하시니 말이다. 그럼에도 기도를 한다. 기도를 해야 하나님이 일하실 것이 믿어지기 때문이다. 내가 원하는 그 무엇을 주실 것을 믿는 것이 아니라 하나님이 가장 좋은 것을 주심을 믿게 된다. 그것이 무엇인지는 하나님이 보여 주시기 전까지는 모른다. 그것을 아는 것이 중요한 게 아니다. 하나님을 신뢰하는 것이 우리의 최선이다. 신뢰의 대가는 평강이다. 하나님이 진짜 우리에게 주시고 싶은 것도 그분과의 친밀한 관계 속에서 누리는 기쁨과 평화다. 주님과의 관계, 이것이 평생 구해야 할 길이자, 우리의 기도 제목이다.

남편이 일단 서울로 혼자 올라갔다. 마땅한 거처가 없었는데 아주 오래전 청년부 사역할 때 만난 형제와 함께 살게 되었다. 그 청년이 거주하는 자취 집에 들어가기로 한 것인데, 너무 고마웠다. 예전에는 두 사람이 전도사와 학생 사이였는데 이제는 깊은 우정을 나누는 친구이자 동역자가 되었다.

남편은 주중에 서울에 있다가 금요일 밤이 되면 목포로 내려왔다. 그때만 해도 주말부부 기간이 곧 끝나리라 믿었다. 우리 상식으로는 가족, 특히 부부가 떨어져 사는 것은 좋지 않다고 생각했다. 이러다가 사이가 멀어지는 건 아닌가 싶어 걱정도 되었다. 서울과 목포는 가까운 거리도 아니고 오고 가는 차비도 만만치 않다. 주말마다 오고 가려니 남편은 또 얼마나 피곤하겠는가. 이것은 아니다 싶었다. 당연히 하나님도 우리가 한집에 사는 것을 도와주실 거라 생각했다. 친정 부모님도 내가 고등학생 될 무렵부터 주말부부셨다. 아버지가 대전에서 서울로 오고 가셨는데 그러면서 부모님 사이가 점점 멀어졌다. 급기야 아빠는 바람을 피우고 새살림을 차리기까지 하셨다. 주변 사람들도 종종 그런 말을 했다. 주말부부 기간이 길어지면 점점 집에 오는 횟수도 줄어들고 자주 못 보게 된다고, 몸이 멀어지면 마음도 멀어진다고 했다. 이 상황이 우리에게 위기이자 시험 같다는 생각도 들었다.

내 안의 두려움들을 직면하는 상황이 온다. 가끔은 하나님이 일부러 그렇게 하신다는 생각도 든다. 셋째를 임신했을 때도 그랬다. 첫 아기가 유산되었을 때 나는 그것이 뉴질랜드에서 한국으로 장시간 비행기를 탔기 때문이라고 생각했다. 그래서 임신을 하게 되면 절대로 비행기는 타지 않겠다고 생각했다. 그런데 셋째를 임신해서, 그것도 가장 위험하다는 임신 초기에 비행기를 타게 되었다. BSF 성경 공부 리더 수련회가 말레이시아에서 열렸는데, 가기 바로 직전에 임신 사실을 안 것이다. 미리 알았더라면 가지 않았을 텐데 취소할 수 없어서 두려운 마음을 안고 다녀왔다. 다행히 아이는 건강했다. 그러고 나서 유산에 대한 나의 죄책감이 사라졌다. 그때 생명은 하나님 손에 달렸다는 걸 알게 되었다.

이번에는 주말부부 문제였다. 부모님의 비극이 내게도 일어날까 두려웠다. 우리는 그럴 리가 없다고 믿었지만 인생이란 알 수 없지 않은가? 그렇다고 남편을 평생 노동자로 붙잡아 둘 수도 없고 말이다. 기쁜 마음으로 남편을 보냈지만 내 마음 깊은 곳에서는 막연한 의심의 안개가 피어났다. 하지만 이 역시 나의 기우였다. 주말부부가 된다고 사이가 나빠지는 건 아니었다. 관계 문제의 원인을 외부로 돌리자면 모든 것이 원인이 된다. 좋은 관계가 되는 이유도 마찬가지다. 부부가 주말부부라서 나빠질 수도 있지만 주말 부부라서 좋아질 수도 있다.

아래는 2021년 7월에 쓴 우리의 주말부부 이야기다.

우리가 주말부부라고 하면 대체로 반응이 둘 중 하나다.
"아니, 혼자서 아이 넷을 데리고 어떻게 해? 힘들겠다."
"와, 완전 자유네! 편하겠다!"
육아 때문에 힘들겠다는 반응과 자유 부인된 걸 은근히 부러워하는 반응이다.

전자는 대체로 나보다 어린 세대, 남편이 육아와 가사 부담을 함께 지는 부부다.

자유 부인 노래를 부르시는 분들은 대개 나보다 나이가 많은 분들이거나 나와 또래인 분들이다.

이렇게 주말부부의 호불호는 결국 '남편이 있어서 도움이 되는가?'와 '없어서 도움이 되는가?'에 따라 달라진다.

그럼 우리 남편은 과연 어느 쪽이신가?

우리 은혜가 그러는데 자기는 엄마가 아빠 없으면 정말 힘들어할 줄 알았다고 한다. 그런데 생각보다 엄마가 별로 힘들어하지 않아서 놀랐단다. 그런데 더 놀란 건 아빠라고 했다.

아빠는 별로 힘들어하지 않을 거라고 생각했다고 한다. 그런데 남편은 맨날 가족들이 보고 싶어 애가 탄다. 그래서인지 같이 있을 때보다 우리를 더 찾는다.

금요일이 되면 아침부터 마음이 목포로 향해서 일이 손에 잘 잡히지 않는다고 한다. 그렇게 그리움이 가득 차서 달려오니 당연히 주말이 되면 반갑고 함께 보내는 시간이 소중해진다.

남편은 지난 2년 동안 피치 못할 일이 생겨 한두 번을 빼고는 매주 금요일 밤이 되면 어김없이 목포로 내려왔다. 오고 가는 차비를 조금이라도 아껴 보려고 KTX대신 일반 고속버스를 탈지언정 언제나 달려왔다. 그런 남편이 고맙다.

하나님의 뜻이 무엇인지 주말부부의 시간이 왜 자꾸 길어지는지 알 수는 없지만 우리에게 주어진 상황이라면 이 안에서 최선을 찾자는 생각을 하니 마음이 편해진다.

내가 할 수 없는 것과 할 수 있는 것을 안다는 것이 마음에 평화를 준다. 그렇다고 마음속의 바람, 소망까지 끄지는 않는다. 안달을 멈춘다는 뜻이다.

그렇게 우린 4년을 서울과 목포에서 떨어져 살게 되었다. 남편은 피곤한 몸으로 부지런히 가족을 향해 달려왔다. 그 4년의 시간을 돌아보니 생각보다 우리 가족에게 유익이 많았다. 결혼 20년이 넘어가는 부부에게 애틋함이 더해졌고 만나는 시간을 귀하게 생각했다. 두 번째는 우리 부부에게 각자의 영역이 생겼다. 특정한 시간을 자신을 위해 사용하고 하나님을 홀로 깊이 만나는 시간을 갖게 되었다.

길을 잃어도

이해할 수 없고 해석이 되지 않는 상황이 힘들었다. 그런데 점점 이해하기를 접어 두게 된다. 길이 보이지 않아도 언제나 우리에게는 가야 할 길이 있었다. 내가 할 일은 위대한 일이 아니라 그냥 하루를 잘 걸어가는 것과 할 수 있는 일을 하는 것이었다. 그렇게 가다 보면 언젠가는 조금씩 이해가 된다.

「이어령의 마지막 수업」(열림원)에는 이런 대목이 나온다.

> 길을 잃어도 영영 미아가 되지 않을 거라는 믿음, 그 거친 길에서 내 손으로 따먹는 열매, 그 열매에서 맛보는 목자의 은혜와 마침내 성숙한 탕자로 돌아올 집이 있다는 안식까지(그 집의 좌표가 설사 죽음일지라도) 그것이 눈보라 치는 우주의 회오리 속에서 기어이 '자기'를 사는 인간의 아름답고 기구한 운명이라고 그는 가르치고 있다.

"길을 잃어도 영영 미아가 되지 않을 거라는 믿음"이 생기는 순간 우리는 불안에서 벗어나게 된다. 부질없이 헤매는 시간과 잘못 간 길, 그리고 목적지에 다다르지 못할 것에 대한 두려움이 사라지게 된다. 내가 길을 알아서가 아니라 그분이 결국 나를 그곳까지 가도록 도우시라는 사실 때문이다. 혹시나 잘못 가더라도 다시 돌아가게 하실 거라는 믿음이 있다면 더 이상 두렵지 않다.

지난 시간 거쳐 왔던 우리의 모든 시간 속에서 하나님은 줄곧 이 한 가지를 가르치셨다. 나는 비록 길을 잃어도 그분은 우리를 목적지로 이끄신다는 사실. 이어령 교수님의 말처럼 그 집의 좌표가 비록 죽음일지라도! 인간에게 주어진 기구하고 아름다운 운명, 모든 탕자에게는 돌아갈 집이 있다는 사실이다.

과거를 돌아보는 시점에서 서로 반대되는 두 가지 마음이 있다. 한 가지는 과거의 모든 것이 아름답고, 그 어느 것도 내 마음을 망가뜨리지 않았다는 것이다. 또 하나는 그럼에도 '다시 돌아가고 싶지는 않다'는 것이다. 과거는 알고 지나온 길이 아니라 돌아보니 깨닫는 시간들이다. 마치 졸업식장에서 우는 아이처럼 말이다. 아무리 슬퍼해도 졸업을 마주하게 된다. 그렇게 울어도 학교에 남는 아이는 없다. 작년에 입던 옷이 아무리 마음에 들어도 자라면 그 옷을 입을 수가 없다. 생명이 있는 모든 것은 자란다. 생명이 있기에 틀림없이 자란다.

아홉 번째 모험_다시 서울로

2023년이 되던 해, 첫째 아이는 대학생이 되었다. 학교가 서울이라 목포를 떠나야 했다. 거기에다 남편과 함께 살던 형제가 공부하러 캐나다에 가게 되어 남편도 새로운 거처가 필요했다. 어쩌면 세 집 살이가 될 상황이었다. 우리가 다 같이 서울에 집을 얻어 올라가면 한번에 끝날 문제지만 그럴 만한 형편이 아니었다. 또 다시 거처 문제를 두고 간절해졌다.

그렇게 답답해 하던 차에 이번에도 예상밖의 일이 일어났다. 어떤 선교단체에서 대안학교를 운영하고 있는데 우리 둘째를 장학생으로 받고 싶다고 했다. 우리가 쓴 글들을 보고 둘째 요한이를 그 학교 학생으로 초청해 주신 것이다. 거기에다 선교단체 게스트하우스에 우리 가족 거처를 제공하시겠다고 했다. 그 게스트하우스는 잠실에 있었다. 잠실 주택가에 있는 빌라에 거처가 생긴 것이다. 처음에는 왜 그런 호의를 우리에게 베푸는지 믿기지 않고 어리둥절했다. 선교단체 대표님의 마음에 감동이 있었고 거기에는 어떤 대가나 이유도 없다고 하셨다. 우리에게는 기적이었다.

해결할 만한 능력이 없을 때는 상황을 따라갈 수밖에 없다. 우리의 거처 문제는 늘 그래 왔다. 그렇게 우린 다시 서울로 올라왔다. 그것도 단번에.

집에 세탁기나 냉장고 등 기본적인 것들이 있어서 당장 1톤 트럭과 카니발 자동차에 담을 짐만 꾸려서 서울로 올라왔다. 서울을 떠난 지 10년만이다. 주말부부 기간이 길어지면서 그냥 그렇게 살아야 하나 보다 하고 있었는데 꿈만 같았다.

첫째 아이는 기숙사에 들어갈 필요가 없게 되었고 남편도 이제는 같이 살 수 있게 되었다. 아이들도 전학 간 새로운 학교에서 잘 적응했다. 모든 게 감사하기만 했다. 서울에 오니 여러모로 편리하고 집도 아담하고 깔끔했다. 난방이 잘되고 따뜻한 물이 나오는 집이라는 사실만으로도 충분했다. 더 이상 바랄 게 없었다.

그런데 그때 문제가 발생했다. 다름 아닌 빌라 주인인 건물주 할아버지와 갈등이다. 그 게스트하우스는 그 건물 빌라의 한 공간을 임대하고 있던 상황이었다. 주인 할아버지는 같은 건물에 살고 있지는 않았지만 매일 와서 건물을 점검하셨다. 딱 봐도 자수성가하신 분으로 재산 관리에 철저하신 분이었다. 누가 잠깐 주차장에 주차라도 하면 단번에 알아 내셨다. 그러니 우리를 수상하게 보셨던 것이다. 그러다가 우리가 빌라 전세자에게 얹혀 살고 있다는 사실을 알고는 노발대발하셨다. 그분에게는 우리가 자기 소유의 건물에 얹혀 사는 불법 거주자였던 것이다. 그분 말이 틀린 것은 아니었다. 그런 사정을 제대로 파악하지 못한 우리 잘못도 있었다.

주인 할아버지는 우리에게 당장 나가라고 했다. 볼 때마다 모욕적인 말을 하며 아이들 보는 데서도 소리를 질렀다. 처음에는 남편이 외국인인 줄 아셨는지 반말로 무시하고 욕을 하기도 했다. 갑자기 문을 열고 들어와 소리치기도 했고, 생각만 해도 끔찍한 상황이 자꾸만 벌어졌다. 이 글을 쓰는 지금도 가슴이 벌렁거린다.

사정이 이렇게 되자 우리에게 호의를 베푼 선교단체도 입장이 난처해졌다. 그곳에 수없이 많은 게스트가 오고 갔지만 우리처럼 대가족은 없었을 것이다. 그때 돈없고 집 없는 설움을 제대로 경험했다. 그럼에도 당장 대책이 없으니 버티고 있었다. 그 할아버지는 마주치기만 하면 우리에게 나가라고 소리를 질렀다. 살면서 나에게 그렇게 무례하고 막 대하는 사람은 처음 봤다. 내가 곱게 살았던 건지 세상이 원래 그런 건지는 모르겠지만 물리적으로 맞지 않았을 뿐 마구 두들겨 맞은 느낌이었다. 분노와 모욕감, 무력감이 밀려왔다. 새삼 이 세상은 돈 없는 사람이 살기에 정말 힘든 세상이라는 것을 알았다. 그렇다고 당장 나가지도 못하는 상황이 답답했다.

'하나님, 도대체 뭐가 잘못된 건가요? 우리가 언제 여기 오게 해 달라고 했나요? 당신이 오게 하셨잖아요? 우리가 뭘 잘못했다고 이런 일을 겪게 하시나요? 언제쯤이면 인생이란 걸 이해할 수 있을까? 참 알수가 없다는 생각이 들었다. '왜 하필 그때 주인 할아버지를 마주쳤을까? 같은 빌라에 사는 다른 이웃은 얼굴 한 번 마주친 적이 없는데!' 그 우연도 마치 우리를 골탕 먹이려고 악의적으로 만들어 놓은 함정 같았다. 뭔가 그분의 의도가 느껴졌다. 그래서 더욱 혼란스러웠다. 이렇게까지 코너에 몰으시다니, 너무 하시다는 생각이 들었다. 마치 큰 시험에 걸려든 기분이었다.

돈 한 푼 없는 무능한 우리 처지도 한심했다. 자본주의 사회에서는 대출도 능력이다. 우리처럼 소유가 없고 소득이 적은 사람들은 대출조차 어렵다. 최대한 받아도 서울에서는 어디 단칸방도 얻기 힘든 터라 시도조차 하지 못했다. 그 모욕을 겪고 나서도 그 할아버지 마음이 바뀌어 우리를 계속 살게 해주었으면 좋겠다고 바라고 있는 내 모습도 딱해 보였다.

설상가상, 선교회에서도 안되겠다 싶었는지 여름이 지나면 공간을 비워 달라는 요청이 왔다. 정말 앞이 깜깜했다. 힘들었지만 어떡하겠는가 방법이 없는 걸. 밤마다 아이들과 함께 기도했다. 아이들 앞에서는 태연한 척하며 괜찮다고 했지만 마음은 계속 무너져내렸다. 그날도 새벽에 혼자 일어나 말씀을 펴고 기도를 하려고 했다. 마침 요한복음 14장 말씀을 암송하기로 해서 그 부분 말씀을 찾아 읽기 시작했다.

> 너희는 마음에 근심하지 말라 하나님을 믿으니 또 나를 믿으라. 내 아버지 집에 거할 곳이 많도다 그렇지 않으면 너희에게 일렀으리라 내가 너희를 위하여 거처를 예비하러 가노니(요 14:1).

예수님이 하늘로 가셔서 제자들을 위해 공간을 마련해 두신다는 위로의 말씀이었다. 평소에는 천국의 집을 연상하며 읽었는데 상황이 상황인지라 이 말씀이 주님이 주시는 응답처럼 들려왔다. '혹시 하나님이 우리의 거처를 예비하고 계신다는 뜻일까?' 삶의 급박함과 절실함에 지푸라기라도 잡고 싶은 상태였다. 잘은 모르겠지만 하나님도 아신다는 생각에 위로가 되었다. '어디든 가긴 하겠지' 하는 마음도 들었다. '그래, 정 안되면 그냥 목포로 가자! 되돌아갈 곳이 있다는 것만도 다행이지 않은가.' 목포로 돌아간다는 마음까지 먹고 나니 그나마 한결 나아졌다.

8월 25일, 기억하고 싶은 그날은 뜻깊게도 나의 생일이었다. 집사님 한 분의 연락을 받았다. 카톡에 뜬 생일 알림을 보고 안부가 궁금하셨다며 커피 쿠폰과 함께 전화를 하신 것이다. 몇 해 전 우리가 목포에 있을 때 가족들을 데리고 우리 집에 오신 적이 있는데 소식을 주고받다가 근 몇 년 간은 연락이 거의 없었다. 오랜만이고 갑작스러워서 정말 반가웠다.

"사모님, 서울 오신 거예요? 한 번 만나야지요. 지금은 어디에 사세요?"

"아, 지금은 잠실인데요. 다시 이사를 가야할 것 같아요."

"사모님, 집을 구하신다고요?"

이렇게 물으시더니 다시 전화를 걸겠다며 기다리라고 하셨다. 잠시 후 다시 전화가 울렸다.

"사모님, 동생네 시댁 부모님이 살던 집이 지금 비어 있어요. 부모님이 돌아가시고 아무도 없다는데 사모님네가 가시면 좋을거 같아서요. 그런데 제가 마침 카페에서 동생을 만나고 있네요. 동생 바꿔 드릴테니 한번 들어 보세요!"

청파동네 이야기는 그날, 이렇게 시작되었다.

열 번째 모험_청파동네교회

'하나님이 원하시는 것이 뭘까?'

청파동 이 집에 이사오고 나서 계속 묻게 된다.

잠실 그 집에서 나가야 했을 때 우리에게는 길이 없다고 생각했다. 정말 그랬다. 지금도 종종 부동산 앞에 적힌 전세 월세 매물을 본다. 고개를 절레절레 흔들게 된다. 우리가 할 수 있는 모든 걸 동원해도 이 동네에서는 단칸방 하나도 얻지 못한다. 지방으로 가도 마찬가지다. 우리 식구들이 살 만한 집은 어디에도 없어 보인다.

그때 집사님과 전화를 하면서 이 집에 대해 들었다. 집은 큰데 오래된 주택이었다. 난방도 안 된다고 했다. 그러니 개발될 때까지 살 수 있겠느냐고 제안하셨다. 생각할 필요도 없이 좋다고 했다. 우리가 살 수 있는 공간이 생긴 것만으로도 감지덕지했다. 일사천리로 일이 진행되어 바로 집 열쇠를 받았다. 재개발 전까지 거주하기로 하고 보증금 2천 만 원에 이 집을 넘겨 받았다. 25년전 우리가 살았던 신혼집 서대문의 옥탑방 보증금이 2천 5백이었다는 것을 생각하면 말도 안되는 조건이었다.

하지만 큰 기대가 없었던 터라 우리는 그냥 대충 치우고 난방이 안되면 전기 장판에 난로라도 놓고 살 작정이었다. 낡고 수리할 곳이 많은 집이었지만 그래도 서울 한복판에 마당이 있는 저택이었다. 40년 전에 지어진 집에 무엇을 할 수 있겠나, 그냥 살 수만 있으면 된다는 게 우리 생각이었다. 그런데 그건 우리 생각이고 하나님은 다른 계획이 있었나 보다.

집 안이 수리되고 인테리어가 바뀌었다. 여기저기 도움의 손길이 있었다. 특히 장안동 사랑의 교회 박명수 목사님과 여러 성도님의 도움이 컸다. 청소는 물론이고 수리를 해주셨다. 특히 손성집 집사님은 아예 수리를 전담하셔서 집을 고쳐 주셨다. 어느 날 새 보일러를 들고 나타나셨던 유미화 집사님은 알고 보니 청소 전문가셨다. 이 큰 집을 정리하고 청소하는 데 큰 도움을 주셨다. 특히 마지막까지 해결되지 않았던 하수도 배관을 기어코 사람을 불러와서 뚫어 해결해 주셨다. 집은 완전히 변신했다. 내가 기대한 게 이 정도는 아니었는데, 하나님의 큰 그림은 내가 그릴 수 있는 그림이 아니었다. 나의 상상력의 한계를 뛰어넘는다. 마치 꾸지도 않는 꿈이 이루어진 느낌이다.

아이들은 방이 생겼고 내게도 글을 쓸 수 있는 공간이 생겼다. 사람들을 초대할 수 있게 되었고 이곳에서 모임이 가능해졌다. 그래서 또 고민이었다. 하나님이 이 공간을 왜 주셨을까? 이렇게까지 하시는 이유가 무엇일까? 이 정도까지 기대한 건 아니었는데 너무 많이 받은 것 같아 걱정이다.

단순히 채무감 같은 건 아니었다. 하나님의 인도하심이 무엇인지 궁금했다.

이곳에 온 지 얼마 지나지 않아 남편이 KWMA를 그만두게 되었다. 진짜 본격적인 고민에 들어갔다. 또 새로운 모험이 시작되는 걸까?

지금까지 우리 두 사람이 만나 결혼하고 걸어 온 시간들, 우리가 경험하고 배우고 훈련받은 것들을 돌아보았다.

결혼은 두 사람이 더욱 깊이 사랑하고 하나 되어 연합하는 것과 동시에 하나님과의 연합이 목적이다. 부부가 가까워지고 하나 되듯이, 우리 삶을 통해 하나님과 하나 되고 연합하며 그분의 목적을 우리 삶에 드러내고 나타내어 주님께 영광을 돌리게 된다.

지금까지 우리가 한 일이라고는 25년간 서로 사랑하고 그 열매인 아이 넷을 키우며 한 가정을 이룬 것이다. 작지만 의미 있는 일이었다. 우리가 함께 하나님을 예배했다. 하루의 마무리를 기도와 삶 나눔으로 정착하기까지 오랜 시간이 걸렸다. 여전히 우린 일상의 순간을 예배로 인식하고 나름의 방식대로 하나님과의 시간을 훈련하며 만들어 가는 중이다. 하나님의 이끄심, 함께하심과 우리와의 동행은 어떤 결과물이 아니라 우리 안에 그분의 공간을 넓히고 함께하고 익숙해져 가는 과정이다.

사랑은 확장하고 자라야 한다. 부부의 사랑이 아이들에게 확장되었듯이 이제는 우리 사랑이 점점 이 울타리를 넘어서야 한다. 복잡하게 생각하지 않기로 했다. 그저 우리 가정의 울타리를 오픈해서 같이 예배하고 사람들을 환대하면 된다.

이렇게 청파동네교회는 시작되었다. 2024년 12월 22일 이곳에서 첫 예배를 드렸다.

지금까지 우리가 배운 건 '사랑하는 것'이었다. 앞으로도 계속 배우고 훈련하게 될 것이 '사랑'일 거라 확신한다. 하나님을 더욱 사랑하고 우리와 함께하는 이들을 사랑하는 것. 그들과 함께 예배드리는 것. 여기에 더 보탤 일이 있을까? 여전히 힘든 파도가 몰려오고 고민하며 헤쳐 나가야 할 일들이 생기겠지만 이제는 믿고 기대한다. 나보다 훨씬 상상력이 뛰어나신 하나님이 언제나 새로운 길을 만드시고 함께 하신다는 것을 알기에.

이런 결혼, 어때?
두 사람이 만들어 가는 사랑과 연합의 여정

초판 발행	2025년 4월 25일
지은이	전신근, 제행신
발행인	손창남
발행처	(주)죠이북스 (등록 2022. 12. 27. 제2022-000070호)
주소	02576 서울시 동대문구 왕산로19바길 33, 1층
전화	(02) 925-0451 (대표 전화)
	(02) 929-3655 (영업팀)
팩스	(02) 923-3016
인쇄소	(주)진흥문화
판권소유	ⓒ(주)죠이북스
ISBN	979-11-93507-54-4 03230

책값은 뒤표지에 있습니다.
잘못된 도서는 교환하여 드립니다.
이 책 내용을 허락 없이 옮겨 사용할 수 없습니다.